KLARTEXT

Bildnachweis:
Adobe Stock: Animaflora PicsStock: 6/7, Ernest Vursta: 15, Orion_eff: 80; Imago Images: AGB Photo: 33, Allstar: 4/5, 107, Apress: 105, ecomedia/robert fishman: 9, Everett Collection: 108, Future Image: 104, Heinz Gebhardt: 50, KHARBINE-TAPABOR: 47, 77, Sven Simon: 8; picture alliance: akg-images: 11, 12/13, 25, 27, 29, 35, 57, 66, 74/75, 85, dpa/Festspiele Bayreuth/Enrico Nawrath: 30, DIE KLEINERT.de/Bernardt Förth: 53, DIE KLEINERT.de/Andreas Prüstel: 43, dpa/Festspiele Bayreuth: 18/19, dpa/Waltraud Grubitzsch: 9, 13, Leemage: 92/93, Leemage/Costa: 16, Mary Evans Library: 60/61, Photoshot: 87, Presse-Bild-Poss/Uta Poss: 20, REUTERS/Michaela Rehle: 103, Alexander Schuhmann: 8, SZPhoto/Stefan Puchner: 110, TopFoto: 37, ullsteinbild: 73, ullsteinbild/Max Ehlert: 22, ullsteinbild/Heinrich Hoffmann: 95, 96, ullsteinbild/RDB: 98, ZB/Jens Wolf: 41, Wikipedia: Von NTNU Vitenskapsmuseet, Ausschnitt, CC BY 2.0, https://commons.wikimedia.org/w/index.php?curid=61735327

Bibliografische Information der Deutschen Nationalbibliothek
Die Deutsche Nationalbibliothek verzeichnet diese Publikation in der Deutschen Nationalbibliografie; detaillierte bibliografische Daten sind im Internet über portal.dnb.de abrufbar.

Impressum
1. Auflage März 2022
Layout & Satz: Guido Klütsch
Umschlagabbildungen: Adobe Stock/Wolfgang Cibura (Quadriga), Adobe Stock/pict rider (Wagner Portrait), IMAGO/United Archives International (Parsifal), IMAGO/Heinz Gebhardt (Ludwig II/Rückseite), picture alliance/akg-images (Tänzerinnen), picture alliance/SZ Photo/Stefan Puchner (Marionette)
Autorenfoto hintere Umschlagklappe: Veronika Kurnosova
Druck und Bindung: Linsen Druckcenter GmbH, Siemensstraße 12-14, 47533 Kleve

© Klartext Verlag, Essen 2022
ISBN 978-3-8375-2435-2

Jakob Funke Medien Beteiligungs GmbH & Co. KG
Jakob-Funke-Platz 1, 45127 Essen
info.klartext@funkemedien.de
www.klartext-verlag.de

Andreas Jacob

Wagner

**Populäre Irrtümer
und andere Wahrheiten**

Inhalt

- 6 Zum Geleit
- 8 Zahlen & Fakten
- 10 Politikum
- 12 Der Schriftsteller
- 14 Fast unbekannte Opern
- 15 Von Aposteln bis zur Feuerwehr
- 16 Frauen I
- 18 Der letzte der Tribunen
- 20 Ohne Leine, bitte
- 24 Spitzenstoff
- 26 Ausdruck als Gesangsideal
- 28 Sängerkrieg
- 31 Begegnung mit dem Anarchismus
- 32 Mark Twains Zahnweh
- 34 Von Schwänen und Bräuten
- 36 Frauen II
- 39 Der Schwiegervater
- 40 Keine Opern mehr!
- 42 Tatsache
- 44 Der Tierfreund
- 46 Liebestrank & Liebestod
- 48 Tristan-Akkord
- 49 Der Märchenkönig
- 52 „Mein Leben"
- 54 Wagner. Eine Zeitreise
- 56 Leichte Kost
- 58 Leitmotiv
- 59 Opus Magnum
- 62 Richtig betonen I
- 63 Richtig betonen II
- 65 Die Männer von Flake
- 68 Im Fokus der Juristen
- 71 Wagnertuba
- 72 Kein Bett für Karl Marx
- 73 Die Bayreuther Festspiele
- 77 Ein mitleidend leidvoll wissender Thor
- 79 No future
- 82 Wörterbuch der Unhöflichkeit
- 84 Parodien
- 86 Magie & Okkultismus
- 88 Wagner statt Streisand
- 90 Loriot

91 Ausdruckstanz & Lebensreform	108 Bugs Wagner und die Puppenkiste
94 Nazis	111 Der Erfinder des Heavy Metal
97 Künstlervorbild	112 Für Kinder
100 Die Herren der Ringe	114 International
102 Promi-Parade	117 Das Quiz für echte Wagnerianer
106 Filmreif	120 Zitate

Über Richard Wagner wurde bereits ungeheuer viel geschrieben. Es kursiert das Bonmot, es sei über ihn so viel publiziert worden wie über keine andere Person in der Weltgeschichte – mit Ausnahme von Jesus und Napoleon Bonaparte. Auch wenn dies wahrscheinlich eher nicht zutrifft, gibt die Flut der Veröffentlichungen Anlass, über die große von ihm ausgehende Strahlkraft nachzudenken.

Die Gründe dafür, warum Wagner derart fasziniert, sehr häufig aber auch polarisiert hat, liegen wohl neben der Musik auch in seiner schillernden Biografie: vielfach auf der Flucht vor Gläubigern, aber auch auf der Flucht als gesuchter Revolutionär, manchmal aus anderen Gründen auf der Flucht vor Ehemännern, schließlich Liebling des bayerischen „Märchenkönigs" und Begründer eines legendären Musikfestivals ... Ebenso haben seine zu politischen wie ästhetischen Extremen neigenden Einstellungen nachhaltiges Interesse geweckt. Diese hat er in zahlreichen Schriften ausgeführt, was wiederum eine ähnlich ideologisierte Rezeption unter den Zeitgenossen wie in der Nachwelt auslöste.

Aber da ist natürlich auch die künstlerische Produktion, die bis heute ganz unterschiedliche Reaktionen hervorruft. Die einen können gar nicht genug kriegen und fallen in einen delirierenden Rauschzustand, wenn sie Wagner hören – Loriot beispielsweise fiel als Antwort auf die Frage nach dem größten irdischen Glück „Bayreuth (Ankunft)" ein und er enthüllte im gleichen Fragebogen sein persönliches Motto: „Heiahaheiahaheiaha ..." Für die anderen handelt es sich bei Wagners Opern einfach nur um quälend lange, musikalisch komplizierte bis schwülstige, von der (Sagen- und Mythen-) Handlung her unverdauliche, sprachlich misslungene bis lächerliche und überdies ideologisch verdächtige Machwerke.

Man merkt: Da existiert ein gewisser Spielraum möglicher Reflexe auf Wagner. Was aber auf jeden Fall zutrifft: Es ist spannend genug, sich mit der Künstlerpersönlichkeit und ihrem Schaffen, aber auch dem Nachleben Wagners bis heute zu beschäftigen!

Zahlen & Fakten

Es gibt 1676 Mozartstraßen oder -plätze, 1458 für Beethoven – und immerhin **721 für Richard Wagner**, was angesichts des späteren Geburtsdatums gar keine so schlechte Ausbeute ist. Der zum Wagner-Rivalen stilisierte Brahms bringt es auf 664 Einträge, Händel auf 575, Schubert auf 181. Aber auch Wagners Werke und Helden haben es auf Straßenschilder geschafft: In Bayreuth gibt es den **Nibelungenring** ebenso wie die **Kriemhildstraße** und die **Meistersingerstraße**.

Kaum jemand kennt die Schauspielerin Christine Urspruch unter ihrem Rollennamen Silke Haller. Im **Münsteraner „Tatort"** spielt sie die Assistentin von Pathologe Börne, der sie nach Wagners Zwerg aus dem „Ring des Nibelungen" nur **„Alberich"** nennt. Kommissar Thiel hält das zu Beginn für ihren Nachnamen. Pathologe Börne liebt klassische Musik, und so hört man in vielen „Tatort"-Folgen mit Schauplatz Münster auch Stücke von Richard Wagner.

Das reichhaltige Sortiment an Fanartikeln zu Richard Wagner und seinen Werken beschränkt sich längst nicht mehr auf **T-Shirts, Tassen oder Socken**. Seit einer Weile gibt es auch einen in Zusammenarbeit mit den Bayreuther Festspielen hergestellten **Whisky**: Der erste Versuch heißt „Brünnhilde" und soll – angeblich ihrem Charakter entsprechend – „rauchig und süß" schmecken.

In Bayreuth gibt es den sogenannten **Walk of Wagner**: Der 2013 in Anlehnung an Hollywoods berühmten Walk of Fame entstandene Weg verbindet Richard Wagners Wohnhaus Wahnfried mit dem Festspielhaus und stellt am Wegesrand Aspekte aus seinem Leben in den Mittelpunkt.

Politikum

Richard Wagner war zutiefst von der Überzeugung getragen, in die Gesellschaft hinein wirken zu können. Dabei war es kein neuer Gedanke des 19. Jahrhunderts, politische Auffassungen in der Kunst mitzuteilen. Seien es aufklärerische Schriftsteller des 18. Jahrhunderts oder Ludwig van Beethovens von der Freiheitsidee inspiriertes Schaffen: Die Idee, als Künstler etwas zum gesellschaftlichen Wandel beizutragen, stand im Raum.

Wagners spezifische Position lässt sich klarer fassen, wenn man sie vor dem Hintergrund historischer wie eigener Erfahrungen mit revolutionären Umbruchsituationen sieht. Weit verbreitet war damals die pessimistische Haltung, wie sie sich in den französischen Grands Opéras von Auber, Halévy und insbesondere Meyerbeer ausdrückte: Die aus religiös-ideologischen Überzeugungen geborenen Revolutionsbewegungen münden dort zwangsläufig in Katastrophen. Wagner wiederum gelangte nach seiner eigenen Teilnahme an den Dresdner Aufständen von 1849 zu der Überzeugung, dass man für revolutionäre Erfolge „gänzlich ohne alle Rücksicht verfahren" müsse, was nicht seine Sache war. Spätestens nach seiner Schopenhauer-Lektüre von 1854 schwebte ihm eine andere Form des Verkündens von Wahrheiten vor, die ihre gesellschaftliche Wirksamkeit über die Ansprache von Einzelnen entfalten sollte und die ihre Triebkraft aus dem Mitleiden mit anderen Kreaturen (einschließlich Tieren!) bezog.

Mit dem Umstand, dass er einst steckbrieflich gesuchter Revolutionär gewesen sei, kokettierte Wagner aber auch später, als er sich vom revolutionären Weg abgewandt hatte (so beispielsweise, wenn er sich mit gekrönten Häuptern wie Queen Victoria traf). Immerhin ist er damit einer der wenigen Komponisten von Weltrang, die sich krimineller Strafverfolgung ausgesetzt sahen. (Mir fällt ad hoc eigentlich nur noch Johann Sebastian Bach ein: Als dieser sein Anstellungsverhältnis wechseln und den Hof von

> **Politisch gefährliche Individuen.**
>
> 652) **Wagner,** Richard, ehemaliger Kapellmeister aus Dresden, einer der hervorragendsten Anhänger der Umsturzpartei, welcher wegen Theilnahme an der Revolution in Dresden im Mai 1849 (Bd. XXVIII, S. 220 und Bd. XXXII, S. 306) steckbrieflich verfolgt wird, soll dem Vernehmen nach beabsichtigen, sich von Zürich aus, woselbst er sich gegenwärtig aufhält, nach Deutschland zu begeben. Behufs seiner Habhaftwerdung wird ein Portrait Wagner's, der im Betretungsfalle zu verhaften und an das königl. Stadtgericht zu Dresden abzuliefern sein dürfte, hier beigefügt. 11/6. 53.

Weimar gegen den von Köthen eintauschen wollte, hatte er das offenbar ohne ausreichende Abstimmung mit seinem Dienstherrn umzusetzen versucht. Da dieser aber als Landesfürst auch gleichzeitig Chef der Exekutive war, ergriff er die Möglichkeit, Bach vor Grenzübertritt festsetzen zu lassen und ein paar Tage in Beugehaft zu nehmen – bekanntlich ohne Erfolg.)

Somit blieb Wagner auch weiterhin anschlussfähig für Interpreten der politischen Linken – auch Marxisten –, die in ihm einen Kritiker der industrialisierten Moderne sahen. Ebenso waren Wagners Verlautbarungen, die zunehmend auf die nationalistische und teils offen antisemitische Karte setzten, geeignete Projektionsflächen für rechte bis faschistische Deutungen seines Werks, gipfelnd in Hitlers Wagner-Verehrung.

Dazwischen tut sich ein weiter Raum auf, der bis heute noch nicht abschließend durchmessen ist, so dass Wagner nach wie vor unter politischen Gesichtspunkten diskutiert wird. So wurde Wagner zum 200-jährigen Geburtstag als bisher einzigem klassischen Komponisten ein Themenheft der von der Bundeszentrale für politische Bildung herausgegebenen Reihe „Aus Politik und Zeitgeschichte" gewidmet. (Es gibt noch eine Ausgabe von 2018 über Rap, aber selbst der oben erwähnte Freiheitsprophet Beethoven ging 2020 leer aus!) Und der Politologe Herfried Münkler legte 2021 mit „Marx, Wagner, Nietzsche. Welt im Umbruch" ein Buch vor, das die Wirkungsmacht Wagnerscher Ideen beachtlich hoch ansiedelt. Mit einer politischen Interpretation Wagners dürfte man also auch weiterhin häufig konfrontiert werden, so dass es der Künstler zumindest geschafft hat, noch Jahrhunderte später als gesellschaftlich relevantes Phänomen wahrgenommen zu werden.

Der Schriftsteller

Heute gehört er zu den bekanntesten, wichtigsten und umstrittensten Komponisten. Doch zunächst war die „Beschäftigung mit Musik … nur große Nebensache" für Richard Wagner – bis er sein erstes, mit 15 Jahren verfasstes Theaterstück „Leubald und Adelaïde" zum Zwecke größerer Wirksamkeit mit einer Ouvertüre versehen wollte.

Wenn man seiner biografischen Selbstdarstellung also Glauben schenkt (was nicht nur bei Künstlern die Gefahr birgt, einem selbstgestrickten Mythos auf den Leim zu gehen), so kam Richard Wagner über die Dichtkunst und hier vor allem die Dramatik zur Musik. Prägend für sein frühes geistiges Umfeld wirkten der Schauspieler Ludwig Geyer (als Stiefvater) und insbesondere der Literat Adolf Wagner (ein Onkel), und so fühlte sich bereits der Schüler zum Dichter berufen.

Zeitlebens bewahrte Wagner diese literarische Orientierung: Er schrieb seine eigenen Libretti (ein Textgenre mit ganz eigenen Herausforderungen!), verfasste musikalische und politische, autobiografische und belletristische Texte. Ab 1871 war er auch sein eigener Editor: Von den „Gesammelten Schriften und Dichtungen" konnte er vor seinem Tod immerhin neun Bände selbst herausgeben, die „Volksausgabe" der „Sämtlichen Schriften" brachte es auf 16 Bände, und man weiß von mehr als 10.000 geschriebenen Briefen, deren Gesamtausgabe derzeit noch nicht abgeschlossen ist …

Dabei leistete der Schriftsteller Wagner in vielen der von ihm gewählten literarischen Genres Beachtliches: Im viele hundert Seiten langen, ziegelsteinschweren Buch „Mein Leben" amalgamierte er für den Zeitraum bis 1864 historische Wahrheit und Selbststilisierung zu einer eigenen Daseinsform. Viele Dichter zeigten sich nicht nur von der Musik, sondern auch von der Dramenkonzeption Wagners fasziniert – zu dieser illustren Runde gehören z. B. George

Bernard Shaw, James Joyce oder Thomas Mann. Die Kunstschriften – insbesondere die im Zürcher Exil in den Jahren 1849 bis 1858 entstandenen – werden bis heute häufig als ästhetische Kronzeugen des 19. Jahrhunderts aufgerufen. Und die literarische Gattung „Künstlernovelle" bereicherte der Komponist mit Beiträgen wie „Eine Pilgerfahrt zu Beethoven" (geschrieben 1840 in Paris für die „Revue et Gazette musicale"), in der er Beethoven als seinen mehr oder minder direkten künstlerischen Vorläufer malt – und ihm dabei sehr geschickt Worte in den Mund legt, die anschlussfähig an die in Frankreich geführten zeitgenössischen Diskussionen sind.

Die Parallelen zu den kurz vorher in Paris veröffentlichen Erinnerungen des Dichters Ludwig Rellstab an einen tatsächlichen früheren Besuch bei Beethoven sind natürlich kein Zufall, ebenso wenig wie die Tatsache, dass Wagner mit seiner Version erfolgreicher wurde als Rellstab: Er verfügte einfach über die Fähigkeit, Interesse zu wecken.

Fast unbekannte Opern

Wagners erste vollendete Bühnenwerke „Die Feen" und „Das Liebesverbot oder Die Novize von Palermo" sind heute nur selten zu hören. Neben unbestreitbaren qualitativen Anlaufschwierigkeiten trug auch der Komponist selbst nicht gerade zu ihrer Verbreitung bei.

Er bezeichnete sie als „Jugendwerke" oder gar „Jugendsünde". Bemerkenswert groß ist der kompositorische wie konzeptionelle Gegensatz zwischen diesen beiden 1835 bzw. 1836 von Wagner in Magdeburg uraufgeführten Opern. Die selbstgesetzten Ansprüche waren jedenfalls jeweils sehr hoch, wie sich bereits in den Untertiteln „Große romantische Oper" bzw. „Große komische Oper" ausdrückt: Im ernsten wie im heiteren Genre wollte er gleich mal mit großen Würfen mit unterschiedlichem Traditionsbezug losstarten.

Dies zeigt sich auch in der Wahl der internationalen Vorbilder der vom Komponisten erstellten Libretti, denn der Stoff zum Opernerstling geht auf eine märchenhafte Fabel von Carlo Gozzi zurück („La donna serpente", 1762), „Das Liebesverbot" stellt eine Adaption von Shakespeares „Maß für Maß" dar. Die Idee, Feenmärchen-Opern und Shakespeare-Vertonungen vorzulegen, stellte im frühen 19. Jahrhundert nun wahrlich keinen revolutionären Geistesblitz dar. Sie passt aber sehr gut zu Wagners Selbstbeschreibung, dass ihn bereits in seiner Jugend die Sphäre des Geisterhaften ebenso fasziniert habe wie eben die Dramen des englischen Dichterfürsten. Als weiteren Einfluss der Zeit nach 1830 benennt der Komponist noch die revolutionäre Sammlungsbewegung „Junges Europa". So gesehen fühlte er sich wohl ideell auf der Höhe der Zeit – den erhofften Durchbruch brachten die Opern jedoch nicht.

AHA!

Von Aposteln bis zur Feuerwehr

Natürlich liegt es irgendwie nahe, vielen ist es trotzdem nicht bewusst: Der Bühnenmensch Richard Wagner komponierte nicht nur für das Musiktheater, sondern versuchte sich auch in anderen musikalischen Metiers.

So finden sich im deutlich über 100 Einträge umfassenden Wagner-Werkverzeichnis z. B. Klaviersonaten, Sinfonien, Ouvertüren, Schauspielmusiken, Märsche, Chorwerke (samt einer sakralen „Scene" „Das Liebesmahl der Apostel", die 1843 mit 1000 Sängern und 200 Instrumentalisten in der Dresdner Frauenkirche uraufgeführt wurde) oder Lieder (am bekanntesten sicher die „Wesendonck-Lieder" von 1857/58). Wenn es sich nicht um Jugend- bzw. Studienwerke handelte, waren die meisten dieser Kompositionen der Kategorie „Gelegenheitswerke" zuzuordnen: Es winkten gerade eine Aufführungsmöglichkeit oder/und (noch besser) ein willkommenes Honorar.

    Nun gibt es mal mehr, mal weniger gute Gründe dafür, dass sich der Großteil dieser Werke nicht ins kulturelle Gedächtnis der Nachwelt eingebrannt hat. Weil sie so schön sind, seien immerhin Werktitel erwähnt wie „Großer Festmarsch zur Eröffnung der hundertjährigen Gedenkfeier der Unabhängigkeitserklärung der Vereinigten Staaten von Nordamerika" (1876) oder „Wahlspruch für die deutsche Feuerwehr" (1869). Letzterer bildet mit einer Länge von 9 Takten und etwa 20 Sekunden Aufführungsdauer quasi das Gegenstück zum „Ring". Der Text stammt ausnahmsweise mal nicht von Wagner selbst, sondern vom Feuerwehr-Funktionär Franz Gilardone: „Treue sei unsre Zier, Liebe sei das Panier, Thatkraft sei unser Wort, Gott unser höchster Hort!"

Wagners Musik dazu ist übrigens gar nicht schlecht!

Frauen I

Es ist vielfach so, dass sich Menschen einer historischen Person über deren Liebesleben zu nähern versuchen. So verspricht man sich Aufschlüsse über das Wesen und am besten gleich das Schaffen der prominenten Figur zu gewinnen (mit welchem Recht auch immer). Im Falle von Wagner hätte man zumindest Stoff genug für entsprechende Ausführungen, denn der Künstler sah sich bereits durch den weiblich geprägten Haushalt früh mit dem Thema „Frauen" konfrontiert – das einmal geweckte Interesse am anderen Geschlecht begleitete ihn sein ganzes Leben lang als Leitmotiv. Dies reichte – wie bei anderen Menschen auch – von Verliebtheit bis zu handfesteren Positionen. Auf jeden Fall ist es bei Wagner aber besonders gut dokumentiert.

Hier also eine Aufzählung von Frauen, für die sich der Künstler von seiner Jugend bis zu seinem Zusammentreffen mit Mathilde Wesendonck besonders erwärmen konnte (ohne Anspruch auf Vollständigkeit):

Zu den Jugendschwärmen gehören: Amalie Lehmann (die zu seinen „ersten Erinnerungen an knabenhafte Verliebtheit" gehört); Leah David (die ihn aber nicht groß beachtete, woraus manche einen frü-

Wagners erste Frau Minna

hen Grund für seinen Antisemitismus herleiteten); die Sängerin und Harfenistin Marie Löw (auch sie eine Kandidatin für die Kategorie „erste Flamme"); Jenny Raymann (die eine Standesheirat vorzog); Therese Ringelmann (Choristin in Würzburg, mit der es wohl handgreiflicher wurde – als sie dem damaligen Chordirektor mit Heiratsabsichten kam, brach der den Kontakt ab); Friederike Galvani (die er dem Oboisten des Würzburger Theaterorchesters ausspannte und von der sich der jugendliche Liebhaber dann mit Fortgang aus der Bischofsresidenz tränenreich verabschiedete).

Geheiratet hat Wagner dann die Schauspielerin Minna Planer, die er 1834 am Magdeburger Theater kennenlernte. Nicht zuletzt verschiedene anderweitige amouröse Engagements Wagners – namentlich mit Jessie Laussot um 1850 sowie kurz darauf mit Mathilde Wesendonck – trugen zur zunehmenden Entfremdung bei, ohne dass die Ehe geschieden wurde. 1862 traf man sich ein letztes Mal, 1866 starb Minna. Die Affäre mit Laussot endete, als deren gehörnter Ehemann nur mit Mühe davon abzubringen war, den Komponisten (den er zuvor noch finanziell unterstützt hatte) erschießen zu wollen. Minna schien ebenfalls nicht begeistert, als sie durch einen Brief von diesen Vorgängen erfuhr. Die unglückliche Neigung, die Ehefrau eines Mäzens zu beflirten, lebte Wagner auch im Falle der Mathilde Wesendonck aus: Ab 1857 bezog das Ehepaar Wagner eine Unterkunft auf dem Anwesen der Wesendoncks; als Minna 1858 einen Liebesbrief Richards an Mathilde abfing, wurde dieser unhaltbare Zustand durch Abreise beendet. Wagner, der auch Gedichte von Mathilde vertonte, hielt 1863 in einem Brief fest: „Sie ist und bleibt meine erste und einzige Liebe!"

Der letzte der Tribunen

∙∙∙∙∙∙∙∙∙∙∙∙∙∙∙∙∙∙∙∙∙∙∙∙∙∙∙∙∙∙∙∙

Wagners dritte Oper brachte ihm mit der Uraufführung 1842 in Dresden endlich den erhofften Publikumserfolg. Sie bescherte Wagner dort nicht zuletzt eine Anstellung als Königlich Sächsischer Hofkapellmeister, eine sehr reputierliche Position für den talentierten, aber vorher nicht unbedingt vom Erfolg verfolgten Komponisten.

Sehr deutlich nahm diese (so der Untertitel) „Große tragische Oper" Anleihen bei der international damals so erfolgreichen französischen Grand Opéra, wie der Komponist später in Selbstkritik – und umso mehr in Kritik an den dort tätigen musikalischen Protagonisten – einräumte. Beginnend mit der Anlage in fünf Akten und der Verwendung eines historischen Stoffs, der bereits vom populären englischen Autor Edward Bulwer-Lytton im gleichnamigen Roman literarisch verarbeitet worden war, erinnert auch vieles in der musikalischen Gestaltung an Werke wie Fromental Halévys „Die Jüdin" und insbesondere Giacomo Meyerbeers „Hugenotten". Ebenso gemahnt die schiere Länge von Wagners „Rienzi" mit vierdreiviertel Stunden an derartige Vorbilder, lässt aber auch den üppigen künstlerischen Zeitverbrauch der späteren Musikdramen bereits vorausahnen.

Für die positiv-überwältigte Reaktion des Publikums dürften nicht zuletzt jene spektakulären Massenszenen und Märsche, schmissige Schlachten- und Triumphmusiken sowie der obligatorische Katastrophenschluss mit Feuersbrunst gesorgt haben,

die von feinsinnigeren zeitgenössischen Kunstliebhabern als besonders oberflächlich-plakativ beanstandet wurden. Wagner selbst sprach hier von einem „Konvolut von Monstruositäten"!

Ohne das Werk mit der Nazi-Keule erschlagen zu wollen, muss in diesem Zusammenhang schon darauf verwiesen werden, dass es sich im Dritten Reich besonderer Beliebtheit erfreute, in den Anfangsjahren der Diktatur um die 100 Aufführungen pro Saison erlebte und mit der Ouvertüre regelmäßig bei den Reichsparteitagen erklang. Dies hat sicher auch damit zu tun, dass von vielen NS-nahen Wagner-Freunden erwünschte biografische Parallelen zwischen dem römischen Volkstribun R. und dem braunen Reichskanzler H. gezogen wurden.

Wagner jedenfalls schloss den „Rienzi" aus der Reihe der Werke aus, die er einer Aufführung im Bayreuther Festspielhaus als würdig erachtete. Der ebenso kunststrenge wie geschäftstüchtige Großkomponist Wagner fühlte sich aber von seinem künstlerischen Gewissen nicht daran gehindert, anderswo Produktionen des „Rienzi" zuzulassen, wenn sie ihm Einkünfte durch Tantiemen brachten.

Christian Thielemann durfte das schinkenhafte Stück 2013 dann immerhin in der Bayreuther Oberfrankenhalle leiten, die eigentlich eher als Spielstätte eines Basketballteams bekannt ist. Die anderen dort gegebenen Frühwerke „Die Feen" und „Das Liebesverbot" überließ er weniger bekannten Dirigenten …

Finale im ersten Akt – Thielemanns Uraufführung von „Rienzi" am 7. Juli 2013 in Bayreuth

Ohne Leine, bitte

Rüpel, Dreck und Speck, Robber, 3franc, Peps, Fips, Leo, Pohl, Russ, Kos (der erste und der zweite), Fitzo, Putz, Marke, Brange, Kunde, Schnauz und Molly. Dies sind die überlieferten Namen von Wagners Hunden, weitere der Nachwelt nicht bekannt gewordene Gattungsvertreter kreuzten sicher den Lebensweg des Musikers.

Die Liebe zu den Vierbeinern stellt somit eine bemerkenswerte Konstante in seinem sonst doch relativ unsteten Künstlerleben dar. Und die Wertigkeit, die er seinen Lebensabschnittsgefährten zumaß, drückt sich nicht zuletzt in den Gräbern aus, die er ihnen im Garten von Haus Wahnfried stiftete. Leider sind heute nur noch zwei davon erhalten, was Wagners Nachfahrin

Nike bei der Wiedereröffnung des Richard-Wagner-Museums 2015 auch schmerzlich und durchaus ernst gemeint anmerkte. Immerhin kann man noch auf einem Stein die Inschrift lesen: „Hier ruht und wacht Wagners Russ."

Wagner zeigte sich hinsichtlich der Subspezies recht variabel, kleine Zwergspaniel, Bologneserhündchen und Zwergpinscher (Peps, Fips, Kos [der erste], Fitzo) waren ebenso dabei wie Pudel (Rüpel, Dreck und Speck, Putz), Bulldoggen (Leo), Jagdhunde (Pohl) oder eben immer wieder große Neufundländer (Robber, Russ, Marke – der aber teils auch als Bernhardiner identifiziert wurde –, Brange, Molly). Was sich hingegen durchzieht, ist Wagners Vorstellung vom richtigen Umgang zwischen Tier und Mensch – er verspürt einen besonderen Draht zu Hunden und ist kein Freund von Maßnahmen wie dem Leinenzwang im öffentlichen Raum. Der Grund hierfür wird in einem Brief an den Bayreuther Hofgärtner Gottlieb Eisenbarth angegeben, den bereits sein früher Biograf Carl Friedrich Glasenapp zitiert: „da an der Leine geführte Hunde immer böse sind und zu Raufereien Anlaß geben."

Angesichts des symbiotischen Verhältnisses, das der Komponist mit seinen Hunden pflegte, wäre es geradezu verwunderlich gewesen, wenn diese keinen wie auch immer gearteten Einfluss auf sein Künstlerleben gehabt hätten. Auch wenn sie selbst kaum zur Feder gegriffen haben dürften, boten sie doch verschiedentlich den Anlass für die Entstehung von künstlerischen Produktionen, teilweise von Weltrang.

Dieser künstlerische Einfluss beginnt bereits mit dem ersten Neufundländer der Ahnentafel, dem 1837 in Riga zugelaufenen Robber. (Wagner schildert das Geschehnis etwa so: Eigentlich war Robber vorher im Besitz eines Rigaer Kaufmanns, aber nachdem er den Komponisten erst einmal kennengelernt hatte, erlag er seiner Aura und wollte nicht mehr von ihm weichen.) Wegen des anderweitig schwer zu transportierenden großen Hundes mussten die Wagners dann bei ihrem fluchtartigen Verlassen

Rigas in Richtung Paris eine Seeroute buchen, die über London führte – und während der stürmischen Überfahrt auf dem Schiff Thetis sammelte Wagner Eindrücke, die ihn seinen Angaben zufolge bei den Arbeiten zum „Fliegenden Holländer" inspirierten. Doch nicht genug damit: Das Verschwinden Robbers in Paris (der Vermutung Wagners nach wurde er gestohlen) verarbeitete der Künstler in der zweiten seiner sechs von ihm unter dem Titel „Ein deutscher Musiker in Paris" herausgegebenen Schriften, der Künstlernovelle „Ein Ende in Paris".

Die Bulldogge Leo hingegen übte retardierende Wirkung auf das Wagnersche Musiktheater aus, denn nach einem Biss in die Hand des Meisters konnte dieser 1862 nach eigenem Bekunden zwei Monate lang nicht an den „Meistersingern" weiterarbeiten.

Ebenfalls bleibende Zeugnisse in der europäischen Kulturgeschichte hinterließ ein anderer Neufundländer – „der" Wagner-Hund schlechthin, der bereits erwähnte Russ. Dieser war offenbar (wie einige seiner Vorgänger auch) ein eher wehrhafter Vertreter seiner Art und verewigte sich 1870 in der Hand eines Schriftstellers und frühen französischen Wagner-Enthusiasten, des Comte Auguste de Villiers de l'Isle-Adam. Mit einer kleinen, prominent besetzten Reisegruppe – dabei waren die Schriftsteller Catulle Mendès und Théophile Gautier sowie die Komponisten Camille Saint-Saëns und Henri Duparc – war dieser ausgerechnet zum Zeitpunkt des Ausbruchs des deutsch-französischen Kriegs zu Wagner nach Tribschen gereist und ließ sich vom Komponisten und dem Dirigenten Hans Richter Auszüge aus dem entstehenden „Ring" vorspielen, als Russ der künstlerischen Völkerverständigung einen Dämpfer verpasste. Villiers und seine Freunde reisten ab nach Avignon zu Stéphane Mallarmé (einem weiteren Wagnériste der ersten Stunde) …

Die Hundeliebe liegt in der Familie:
Winifred Wagner, Schwiegertochter von Richard Wagner

Spitzenstoff

Eine einzigartige Konstellation: das erste Bühnenwerk, das Wagner von sich als vollgültig anerkannte und der Aufführung in Bayreuth als würdig erachtete, von dem er obendrein meinte, hierin den Ausgangspunkt seiner „Laufbahn als Dichter" (im Gegensatz eines bloßen „Verfertigers von Operntexten") genommen zu haben – und das Ganze untergebracht im handelsüblichen und eher wagneruntypischen Format von ca. zweieinhalb Stunden Spieldauer!

Nicht zuletzt die publikumsfreundliche Länge dürfte einer der Gründe dafür sein, dass der „Holländer" mit großer Regelmäßigkeit an der Spitze der jährlichen Besucherstatistiken von Wagnerproduktionen landet. Aber der Stoff ist natürlich auch ein Reißer: ein zum ewigen Umherfahren verdammter Seemann, den nur die unbedingte Treue einer liebenden Frau erlösen kann. Dafür als mögliches Vorbild dienende Dauersegler gibt es in der Literatur einige – vom antiken Odysseus über die Geschichte vom ewig wandernden Juden im Mittelalter bis hin zu den Welterkundern der frühen Neuzeit. Hollywood hat unlängst noch karibische Flüche zu dieser Ahnenreihe hinzugefügt …

Wagners konkreter Anknüpfungspunkt ist eine Version, die er „Aus den Memoiren des Herren von Schnabelewopski" entnahm, einem Schelmenroman-Fragment Heinrich Heines von 1831. Der Komponist, der 1839 gerade erst die stürmische Überfahrt aus Riga hinter sich hatte, unterrichtete Heine in Paris von seinen nautischen Opernambitionen, bei denen dessen kurze Stoffbehandlung Aus- und Umbau erfuhren: Aus Heines Handlungsschauplatz Schottland wurde Norwegen, zusätzlich durfte nun ein recht irdischer Jäger (Erik) mit dem gespenstischen Kapitän um die Frau (Senta) konkurrieren und ihm damit das Ableben schwer machen.

Die musikdramatische Realisierung des 1841 vollendeten deutschen Textes (eine französische Vorversion verkaufte Wagner an die Pariser Oper) war nach Wagners eigenem Urteil sehr innovativ: Er wollte „in einem fort die Sage erzählen" und löste sich deshalb immer mehr von der üblichen klaren Unterteilung in einzelne Nummern (Arien, Duette etc.) – angesichts zahlreicher Parallelentwicklungen der Zeit sah die Opernforschung in dieser Eigenwahrnehmung hingegen auch Selbststilisierung am Werk. Unstrittig ist jedoch, dass mit der Uraufführung 1843 in Dresden ein neuer, expressiver Ton auf deutschen Opernbühnen zu hören war. Überdies stellt Sentas Ballade im Zweiten Aufzug mit der Holländer-Sage nicht nur musikalisch-sängerisch, sondern vor allem dramaturgisch einen gewaltigen Kulminationspunkt dar. Wagner stellt im „Holländer" zum ersten Mal das Schlusskonzept vor, persönliche Katastrophen (Sentas Todessprung ins Meer samt darauf folgendem Untergang des Holländer-Schiffes) im Zusammenhang eines größeren, oft metaphysisch motivierten Erlösungsgeschehens zu sehen. Bei Heine dagegen las sich die Interpretation des Schlusses noch ausgesprochen ironisch: „Die Moral des Stückes ist für die Frauen, daß sie sich in acht nehmen müssen, keinen fliegenden Holländer zu heiraten; wir Männer ersehen aus diesem Stücke, wie wir durch die Weiber im günstigsten Falle zugrunde gehn."

Senta stürzt sich ins Meer,
Gemälde von Theodor Pixis, 1870

Ausdruck als Gesangsideal

Ja, es gab sie, die starken Frauenfiguren, denen Wagner „nur" freundschaftlich oder professionell verbunden war. Zur ersten Kategorie gehörten etwa die Schriftstellerinnen Malwida von Meysenbug und Eliza Wille oder die bedeutende Salonnière und Mäzenin Marie von Schleinitz, zu den letzteren an vorderster Stelle die Sopranistin Wilhelmine Schröder-Devrient.

Als gelernte Schauspielerin und Tänzerin war Schröder-Devrient für den Komponisten das Idealbild einer kompletten Bühnenkünstlerin. Bereits 1829 hatte Wagner sie als Fidelio erlebt und erinnert sich später daran, dieser Auftritt habe ihn zur Komposition für Musiktheater gebracht. Sie beeindruckte offenbar weniger durch vokale Virtuosität als durch den Ausdruck, den sie Gesang wie Bühnenspiel zu verleihen vermochte.

Wagner engagierte sie später für die Dresdner Hofoper, wo sie in den Uraufführungen von „Rienzi", „Der fliegende Holländer" und „Tannhäuser" mitwirkte. Insbesondere ihre Verkörperung der Senta im „Holländer" stellte Wagner als von zentraler Wichtigkeit für den Erfolg der Oper heraus. Überdies unterstützte sie Wagner mit 1000 Talern, damit dieser seine Pariser Schulden tilgen konnte – mehr kann man von einer Kollegin wohl kaum verlangen …

Auch privat hatte „die große Tragödin" nicht gerade ein ruhiges Leben: Die erste Ehe mit dem Theaterschauspieler Carl Devrient (was sich übrigens vom flämischen Wort für „der Freund" herleitet und entsprechend auch nicht französisch auszusprechen ist) wurde 1828 nach fünf Jahren geschieden – alle vier Kinder verblieben beim Ex-Ehemann. Der zweite Eheversuch war nicht erfolgreicher, denn sie erwählte mit dem Gardeleutnant David Oskar von Döring laut Wagners Erinnerung einen „schlanken jungen Mann, dessen moralische und intellektuelle Mißbeschaffenheit aller Welt offenlag" und der sie um ihr Vermögen brachte – die Scheidung erfolgte 1848 gut ein Jahr nach der Eheschließung. Ihre dritte, 1850 eingegangene Ehe mit dem 14 Jahre jüngeren Heinrich Anton Hermann von Bock, einem Gutsbesitzer aus Livland, war dann von etwas längerer Dauer. Bei ihrer Rückkehr nach Sachsen 1851 wurde sie aber „wegen Volkaufreizung" kurzzeitig verhaftet und ausgewiesen. Im Jahr 1854 konnte sie schließlich zurückkehren, eine Krebserkrankung beendete jedoch 1860 ihr 55-jähriges Leben.

Wilhelmine Schröder-Devrient, Porträtbüste von Ernst Rietschel, 1840

Sängerkrieg

Wagner bedient sich im „Tannhäuser" verschiedener literarischer Quellen, die er gezielt vermengt: der Sage vom Sängerwettstreit und des Tannhäuser-Lieds (mit sexuell aufgeladenem Venusberg), dazu verirrt sich noch die Heilige Elisabeth ins Geschehen, damit der keusche Gegenpol zur Venus prominent genug besetzt ist.

„Tannhäuser stellt den Kampf zwischen zwei Prinzipien dar, die das menschliche Herz zu ihrem Hauptkampfplatz erwählt haben: den des Fleisches mit dem Geiste, der Hölle mit dem Himmel, Satans mit dem Gotte". So fasst Charles Baudelaire Wagners „große romantische Oper" zusammen – und der Poet kannte sich aus mit den Höhen und Tiefen des menschlichen Herzens!

Höhen und Tiefen durchlief auch die Wirkungsgeschichte: Als einzige Wagner-Oper liegt „Tannhäuser" in verschiedenen gültigen Versionen vor (geschrieben für Dresden 1845, Paris 1861 und Wien 1875). Die Versuche des Komponisten, das Werk den Gegebenheiten anzupassen, führten für ihn zu keinem letztlich abschließenden Ergebnis: Laut Cosima hat Wagner gegen Ende seines Lebens geäußert, „er sei der Welt noch den Tannhäuser schuldig". Die Uraufführung in Dresden war eher ein Reinfall – Anspruch und Realisierung klafften wohl in verschiedener Hinsicht zu weit auseinander. In Weimar machte dann Franz Liszt den „Tannhäuser" 1849 zum Riesenerfolg, woraufhin die Geschichte vom sündigen Sänger einen Karrieresprung auf nationalem wie internationalem Parkett hinlegte: Produktionen folgten etwa 1853 in Riga oder 1859 in New York, berühmt geworden auch die Aufführung der „Ouvertüre" in London 1855 unter Wagners Dirigat in Anwesenheit von Queen Victoria (Wagner berichtet nach Hause, der Königin habe seine Satinhose besonders gefallen).

Als Napoleon III. für 1861 eine Aufführung in Paris anordnete, schien dies eine günstige Gelegenheit für Wagner, einen zwei-

Der Tannhäuser in Deutschordensrittertracht, aus: Grosse Heidelberger Liederhandschrift (Codex Manesse), um 1310–1340

ten Eroberungsversuch der Kulturmetropole zu starten. Um den Erwartungen des Pariser Publikums entgegenzukommen, komponierte er ein „Bacchanal" mit Ballett im Ersten Akt. Das nützte aber alles nichts, denn die ultrakonservativen Kräfte, wie sie sich im adeligen Jockey-Club organisierten, waren wild entschlossen, dem Werk wie dem Kaiser ein Fiasko zu verschaffen (abgesehen davon, dass man das Ballett in der Mitte der Oper, also im Zweiten Akt erwartet hätte). Einzig den als Statisten auftretenden Jagdhunden Napoleons spendeten sie ein belustigt-lautes „Bravo les chiens!", ansonsten veranstalteten sie ebenso lautstarken Tumult. Berichten zufolge versuchte die anwesende Diplomatengattin Fürstin Pauline von Metternich höchstselbst, den Radaumachern ihre mitgebrachten Trillerpfeifen entwinden zu lassen. Immerhin ging der Plan insofern auf, als sich die ästhetisch fortschrittlich wähnenden Künstler – wie eben Baudelaire – zunehmend auf Wagner als Symbolfigur einigten und eine nachhaltige Bewegung des französischen Wagnérisme in Gang setzten.

Aufnahme aus der Probe zu „Tannhäuser und der Sängerkrieg auf Wartburg" aus der Inszenierung, mit der die Bayreuther Wagner-Festspiele 2019 eröffnet wurden

Begegnung mit dem Anarchismus

Zu den interessantesten Passagen in Wagners Autobiografie gehören jene gut 25 Seiten, auf denen er seine Teilnahme am revolutionären Mai-Aufstand in Dresden 1849 schildert. Eine der Hauptfiguren: der russische Anarchist Michail Bakunin, der dem Kapellmeister Wagner vom Musikerkollegen August Röckel vorgestellt wurde.

Privat wirkte Bakunin auf Wagner als „wirklich liebenswürdiger, zartfühlender Mensch", was sich für ihn mit dessen eindeutiger Befürwortung der „Kraft der Zerstörung" nur schwer vereinbaren ließ. Für den Berufsrevolutionär wiederum war offenbar Wagners ästhetische Unbedingtheit faszinierend. Er habe den musikalischen Entwürfen zum „Fliegenden Holländer" „aufmerksamer als irgendein andrer zugehört" und sie als „ungeheuer schön!" bezeichnet. Wagner erinnert sich später an die Konsequenzen, die Bakunin, „der alles niederbrennen wollte", für die Orchestermusik sah: „Du wirst dann nicht so viele Instrumente brauchen, und das wird sehr gut sein."

Während der Revolutionstage kämpfte Wagner wie auch der Architekt Gottfried Semper (der den Barrikadenbau anleitete) für die bürgerliche Sache – und musste nach Eingreifen der preußischen Truppen wie dieser aus Dresden fliehen. Einem reinen Zufall sei es zu verdanken gewesen, dass er nicht in jenem Wagen saß, in dem Bakunin am 10. Mai verhaftet wurde. Im Exil erfuhr Wagner von verhängten Todesurteilen gegen Bakunin und den ebenfalls arretierten Röckel (die allerdings später in Haftstrafen umgewandelt wurden) und schrieb 1850 einen Brief als „treuesten brudergruß" an die festgesetzten Freunde.

Von den revolutionären Idealen eines Röckel oder Bakunin, 1862 in einem Brief als „colossaler Kautz" erinnert, hatte Wagner sich jedoch zusehends verabschiedet, wenn er dort schreibt: „Ich kann mir nicht helfen, ich sehe nun einmal die Massen nicht mehr, sondern nur die Individuen".

Mark Twains Zahnweh

Zu den (im besten Sinne des Wortes) witzigsten Büchern überhaupt gehört Mark Twains „Bummel durch Europa". Twain schlüpft hier in die Rolle des ahnungslosen amerikanischen Touristen, der 1878 erstmals mit den Besonderheiten der Alten Welt, insbesondere ihrer Hochkultur, konfrontiert wird.

Bei einem Ausflug nach Mannheim besucht er unversehens „ein Spektakel – auch Oper genannt – und zwar Lohengrin." Das angetroffene „Gebumse und Gepauke, Gedrön und Gekrache" macht bleibenden Eindruck: „Der quälende und unbarmherzige Schmerz, den es verursachte, ruht in meinem Gedächtnis gleich neben der Erinnerung an die Zeit, als ich meine Zähne in Ordnung bringen ließ." Dieses nicht enden wollende, lärmende Geschehen wurde einzig unterbrochen durch den Brautchor, der „den Himmel und des Himmels süße Wonne und Eintracht ahnen ließ", worin Twain aber ebenfalls nur einen strategischen Kniff der Oper erblickt: „sie teilt so reichlich Qualen aus, dass die darin versteckten Wonnen durch den Kontrast ungeheuer verstärkt werden … gerade wie ein ehrlicher Mann in der Politik mehr glänzt als sonstwo."

Man sollte sich durch die Satire nicht täuschen lassen: Twain war ein ausgezeichneter und sensibler Beobachter, der unter der Maske des ungebildeten Laien eine Reihe ins Schwarze treffender Bemerkungen tätigt. So zeigt er mit seiner Formulierung „erzählendes Drama" einen Wesenszug des Wagnerschen Musiktheaters auf, narrative Ebenen jenseits der bloßen gezeigten Handlung zu errichten. Ebenso ist er ehrlich beeindruckt von der Bereitschaft des Publikums, sich durch die Oper einem Bildungserlebnis auszusetzen, auch wenn dies zunächst vier oder gar sechs Stunden Unbequemlichkeit bedeuten könne – bei Wagners Musik müsse man „sich bewusst daran machen, sie liebenzulernen" – dann aber würde man „nie genug davon bekommen".

(Twain bringt dazu eine weitere Spitze an: „Aber würden Sie jemandem raten, ein paar Jahre lang bewusst zu üben, Zahnweh im tiefsten Magen zu haben, damit er dann allmählich dazu kommt, sich daran zu erfreuen?")

Jedenfalls fand der Schriftsteller das Ganze interessant genug, um 1891 das Wagner-Ereignis schlechthin zu durchleben: In seinem Artikel „Mark Twain at Bayreuth" beschreibt er die Aufführungen von „Parsifal", „Tannhäuser" und „Tristan und Isolde", die er während der Festspiele besucht. Zur Musik nimmt er nach wie vor eine ambivalente Haltung zwischen Skepsis und Begeisterung ein. Fast wichtiger ist aber der quasi-religiöse Aspekt, wenn er in den als Publikum versammelten Wagnerianern eine „Glaubensgemeinschaft" erblickt, unter denen er sich wahlweise als „der einzige Blinde unter den Sehenden" oder „der einzige Gesunde unter Irren" gefühlt habe. Nicht zu leugnen sei aber, dass es sich um „eine der außergewöhnlichsten Erfahrungen meines ganzen Lebens" gehandelt habe.

Als Fazit seiner gemischten Gefühle zum Phänomen Wagner zitiert Twain in seiner „Geheimen Autobiographie" den in Wyoming wirkenden Humoristen Bill Nye mit einem Statement, das für viele bildungsaffine Hörer in der Konfrontation mit der jeweils zeitgenössischen Musik gelten könnte: „Ich habe sagen hören, Wagners Musik sei besser, als sie klingt."

Von Schwänen und Bräuten

Das sind mal klare dramaturgisch-musikalische Positionen: Auf der einen Seite der strahlende Held, zur Hilfeleistung in Brabant von der fernen Gralsburg selbst entsandt, ganz der Sphäre von A-Dur verhaftet, die bereits im Vorspiel langgestreckt präsentiert wird. (Nur seinen Namen darf natürlich keiner wissen, insbesondere nicht seine Angetraute, wie er bald klarstellt: „nie sollst du mich befragen". Das Publikum hat diese Unklarheit nicht, denn man hat ja Karten für „Lohengrin" gelöst.) Auf der anderen Seite heidnisch-hexerische Übeltäter in fis-Moll. Dazwischen allerhand Volk und einige adlige Protagonisten, von denen die dann unausweichlich doch fragende Ehefrau Elsa eine Tonart erhält, die mit As-Dur knapp, aber umso schmerzlicher das Gralsziel verfehlt. Nicht zu vergessen der das heldische Transportboot motorisierende Schwan: Dieses hilfreiche Federvieh wird schon beim ersten Auftreten anständig gewürdigt („Nun sei bedankt, mein lieber Schwan!"), beim zweiten und letzten Auftritt stellt es sich als der verwandelte Bruder von Elsa heraus.

Die märchenhafte Erzählung bringt nicht nur erstmals den Gralsbezug in Wagners Œuvre hinein, sie greift mit dem Frageverbot und einem bedeutsamen Grenzfluss (hier: die Schelde) auch Motive aus seiner früheren Oper „Die Feen" auf. Die Oper setzt in mancherlei Hinsicht neue Maßstäbe in Wagners künstlerischem Schaffen. Kein Wunder, dass gerade dieses Werk großen Eindruck bei Zeitgenossen hinterließ!

Dabei verliefen die Anfänge der Karriere von „Lohengrin" eigentlich gar nicht so günstig: Die Oper war 1848 bereits fertig niedergeschrieben, doch dann kam die Revolution von 1849, die zu Wagners Asyl und teilweiser gesellschaftlicher Ächtung führte. Franz Liszt war es zu verdanken, dass das Werk 1850 (unter seinem Dirigat) in Weimar uraufgeführt werden konnte. Dieser sah hierin einen Neubeginn der Opernwelt. Diesen propheti-

Musikalisch begleitet von Wagners Brautlied: die Hochzeit Friedrich III. mit der Princess Royal Victoria am 25. Januar 1858, hier festgehalten in einem Gemälde von John Philip

schen Charakter spiegelt vor allem das Vorspiel wider, in dem Wagner das „unertödtbare Liebesverlangen des menschlichen Herzens" ausgedrückt wissen wollte. (Charlie Chaplin unterlegte damit dagegen den Filmtanz seines „Großen Diktators" mit der Weltkugel.) Daneben gibt es aber auch die eingängigen Momente, für die insbesondere das Brautlied „Treulich geführt" aus dem Dritten Aufzug steht, das neben Mendelssohns „Hochzeitsmarsch" aus dem „Sommernachtstraum" heute zum Kernrepertoire von Trauungen weltweit gehört.

Interessanterweise erlangte es vor allem im angelsächsischen Raum – in der Übersetzung „Here comes the Bride" – eine ebenso frühe wie enorme Popularität, nachdem es 1858 bei der Hochzeit von Queen Victorias gleichnamiger Tochter mit dem späteren Friedrich III. von Preußen erklang.

Frauen II

"Einzige Liebe" Mathilde hin, noch bestehende Ehe mit Minna her, Cosima bereits am Horizont dort – all dies hielt den Künstler in den Jahren 1860 bis 1864 nicht von einer Reihe von weiteren Liebschaften ab.

Dazu gehören: Blandine Ollivier (die Schwester von Cosima – Wagner spielte ernsthaft mit dem Gedanken, beide Schwestern zu „adoptieren"), Seraphine Mauro (diese hatte er seinem Freund, dem Komponisten Peter Cornelius, ausgespannt), die Schauspielerin Friederike Meyer (damals mit dem Frankfurter Theaterdirektor Franz Georg Carl von Guaita liiert, was Wagner aber erneut nicht groß störte), Mathilde Maier (der er 1864 schrieb, den Tod Minnas doch schon einmal „in Berechnung zu ziehen", für welchen Fall er sich um ihre Hand bewerbe – dies wohlgemerkt nach dem „Zusammengehörigkeits-Schwur" mit Cosima von 1863), die Haushälterin „Mariechen" Völkl (bei der er sich von unterwegs schriftlich nach ihren „Rosa-Höschen" erkundigt) sowie Harriet von Bissing (Schwester der Wagner-Vertrauten Eliza Wille und Witwe von einigem Wohlstand, der für Wagners Enthusiasmus erkennbar nicht abträglich war).

Nun aber zur wichtigsten Beziehung in Wagners Leben, von der er kurz vor seinem Tod schrieb: „Alle 5000 Jahre glückt es." Die Rede ist natürlich von Cosima, Tochter von Franz Liszt – und dummerweise seit 1857 mit dessen Schüler, dem Dirigenten Hans von Bülow verheiratet. Wagner zog die 24 Jahre jüngere Frau immer mehr in seinen Bann, so dass ihr Verhältnis 1863 schließlich weit gediehen war. Wagner erinnert sich: „Unter Tränen und Schluchzen besiegelten

Cosima und Richard, 1872

wir das Bekenntnis, uns einzig gegenseitig anzugehören." Als sich Frau von Bülow im Juni 1864 mit Wagner in Starnberg traf (sie reiste samt Töchtern, der Ehemann war noch kurz verhindert), war es um sie geschehen. Hans von Bülow ahnte immer noch nichts, als sie alle nach München zogen: Während er am 10. April 1865 dort die erste Orchesterprobe zur Uraufführung von „Tristan und Isolde" leitete, brachte Cosima Wagners erstes Kind zur Welt – genannt Isolde.

Außer vom Ehemann und Wagner-Freund Hans blieb dieses Verhältnis in München nicht unbemerkt. Die moralisch prekäre Lage wurde noch durch Wagners Talent zu ausgesucht teuren Opernproduktionen verschärft: Das Kabinett zwang Ludwig II., Wagner aus München zu verbannen. Dieser siedelte sich 1866 in Tribschen bei Luzern an und lud Bülow samt Familie zu sich ein – Cosima fuhr schon mal vor, und bereits im Februar 1867 kam die zweite Wagner-Tochter Eva zur Welt. Hans wiederum erfuhr durch einen versehentlich geöffneten Brief die Wahrheit. Er willigt in die Scheidung ein, nachdem 1869 mit Siegfried auch noch der dritte Wagner-Spross geboren worden war. Cosima und Richard heiraten 1870 und ziehen 1872 nach Bayreuth um. Gute Nerven muss Cosima auf alle Fälle gehabt haben, denn nicht nur konnte sie mit dem mitunter anstrengenden Künstler gut umgehen, sondern sie ertrug auch dessen letzte externe Liebeleien: Eine leidenschaftliche Affäre ging Wagner 1876–78 mit Judith Gautier ein, aber auch hübsche Sängerinnen wie Carrie Pringle (als Blumenmädchen im „Parsifal" 1882 auf der Bühne, ausnahmsweise mal nicht anderweitig liiert) bargen Stresspotenzial für die Ehe.

Wagners Kompetenzen als womanizer dürfte es geschuldet sein, dass ihm 1954/55 eine Filmbiografie mit dem deutschen Titel „Frauen um Richard Wagner" gewidmet wurde. Für die Musik in diesem eigenartigen Denkmal zeichnete übrigens Erich Wolfgang Korngold verantwortlich, der Europa als Jude unter widrigen Umständen hatte verlassen müssen.

Der Schwiegervater

Liszt war bereits ein international gefeierter Pianist, als er Wagner 1841 begegnete. Der als Musikrezensent arbeitende Wagner hatte von Liszt eine Freikarte für ein Konzert erhalten – im Bericht für die „Dresdner Abend-Zeitung" ließ er sich dann mit etwas unangenehmem Unterton eher über den wirtschaftlichen als den künstlerischen Erfolg des Abends aus. Zu diesem Zeitpunkt war Cosima immerhin schon auf der Welt.

Kurz darauf kreuzten sich die Wege wieder: Liszt reiste 1843 zu einer „Rienzi"-Aufführung nach Dresden. Er wurde einer der wichtigsten Förderer Wagners und führte 1849 den „Tannhäuser" auf. Noch wichtiger wurde die Förderung, als Wagner aus Dresden fliehen musste: Liszt bot Unterschlupf und Hilfe bei der Weiterreise, gewährte finanzielle Unterstützung und hob 1850 den „Lohengrin" aus der Taufe. Ästhetisch waren die beiden auf der gleichen Wellenlänge, die als „Neudeutsche Schule" ihr griffiges Etikett fand. Dabei ließ Wagner immer wieder durchblicken, dass er im Vergleich zum Starpianisten irgendwie als der professionellere Tonsetzer zu gelten habe – was ihn aber nicht hinderte, hier und da Anleihen bei Liszt zu nehmen.

Ein Schatten fiel auf die Beziehung, als Liszt erfuhr, dass die seit Jahren mit seinem Schüler Hans von Bülow verheiratete Cosima nun mit Wagner liiert war. Immerhin söhnte sich Liszt 1872 endgültig mit den mittlerweile verheirateten Wagners aus. Nach einem letzten Treffen in Venedig 1882, bei dem Wagner sich so „eingehend und scharf" gegen Liszts Kompositionen ausgesprochen hatte, dass dieser „keimenden Wahnsinn" vermutete, stand Liszt bald „Am Grabe Richard Wagners" (so heißt ein aus entsprechendem Anlass geschriebenes Orgelwerk, in dem Momente aus „Parsifal" verarbeitet wurden). Bayreuth wurde trotzdem noch sein Schicksal: Einer Einladung seiner Tochter zu den Festspielen 1886 folgend, starb er dort – Liszt wurde auf dem Bayreuther Stadtfriedhof begraben.

POPULÄRER IRRTUM

Keine Opern mehr!

Große Überraschung: Wagner hat nach „Lohengrin" gar keine Opern mehr geschrieben! Das behauptet er jedenfalls in der dritten seiner großen Zürcher Kunstschriften mit dem programmatischen Titel „Oper und Drama". Hier das wörtliche Zitat (damit es jeder glaubt): „Ich schreibe keine Opern mehr".

Bekanntlich hat der Komponist dann mit dem „Ring", „Tristan", den „Meistersingern" und „Parsifal" ja aber doch noch das eine oder andere kleinere Werk geschrieben, das heutzutage in Opernhäusern aufgeführt wird. Die Auflösung des Rätsels, worum es sich bei diesen nicht ganz unwesentlichen Bestandteilen seines Schaffens denn dann gehandelt hat, ist ebenfalls im Titel schon enthalten, denn (so geht das Zitat weiter) „da ich keinen willkürlichen Namen für meine Arbeiten erfinden will, so nenne ich sie Dramen".

Nun gehört es zur bekannten Rhetorik der Kunst der Neuzeit (allein schon der Name!) zu behaupten, etwas vollkommen Neues erfunden zu haben – erinnert sei nur an Beethoven, der gegenüber dem Publikum und seinen Verlegern verkündete, gerade mal wieder einen „neuen Weg" einzuschlagen. Einen guten Grund sollte man trotzdem haben, wenn man einen so eingeführten Markennamen wie „Oper" einfach aufgibt. Hierzu führt Wagner aus, die Oper beruhe schlichtweg auf einem „Irrthum", denn dabei würde etwas Wesentliches vertauscht und „ein Mittel des Ausdruckes (die Musik) zum Zweck, der Zweck des Ausdruckes (das Drama) aber zum Mittel gemacht".

Mit dem Drama hat es aber nun Einiges auf sich. Wagner bezeichnete es in einem Brief an Berlioz als „das vollendetste" (gibt es diese Steigerungsform?) Kunstwerk aller Zeiten. Das hätten schon die alten Griechen gewusst, in deren Tragödien die „Vereinigung aller Künste zu dem einzig wahren, großen Kunstwerke" vollzogen wurde – hier sieht er die Idee des Gesamtkunstwerks realisiert, die im 19. Jahrhundert vielfach herbeizitiert wurde.

In der musikwissenschaftlichen Fachliteratur immerhin hat sich die Rede von „Richard Wagners Musikdramen" vielfach durchgesetzt. Und auch sonst konnte Wagner manchen davon überzeugen, dass bei ihm erstmals seit der Antike die ideale Vereinigung der Künste stattfinde. Friedrich Nietzsche beispielsweise publizierte 1872 seine Wagner gewidmete Schrift „Die Geburt der Tragödie aus dem Geiste der Musik", die einen ähnlichen Konnex von Drama und Musik unterstellte, wenngleich mit etwas anderen Vorzeichen. So gesehen war Wagner erfolgreich genug mit seinem Branding eines neuen Titels – das Schicksal, in Opernführern aufgelistet zu werden, blieb ihm trotzdem nicht erspart.

Wagners letzte Oper? Magdeburgs Opernhaus wirbt für „Lohengrin".

Tatsache

Da gibt es nichts zu retten: Wagner war Antisemit.

Dieses Faktum lässt sich nicht dadurch beschönigen, wenn man seine Einstellung zumindest in Teilen auf das ältere Konzept des Antijudaismus zurückführt, also der Ablehnung des Judentums aus religiösen und nicht rassistischen Vorstellungen heraus. Denn der Konnex zu den entwürdigenden Darstellungen von „Judensäuen" an würdigen Kathedralen oder zu mörderischen Pogromen des Mittelalters macht das Ganze ja nicht appetitlicher. Auch der manchmal angebrachte, relativierend gemeinte Hinweis auf den zeitlichen Kontext – etwa, dass Antisemitismus im späten 19. Jahrhundert weitverbreitet gewesen und irgendwie „nicht ganz so schlimm" oder unschuldiger sei, weil noch vor der Katastrophenerfahrung des Holocaust angesiedelt – kann kein Trost sein. Und um schließlich auch noch das dritte hin und wieder angebrachte Argument zur Nivellierung des Wagnerschen Antisemitismus zu entkräften: Dass Wagner in seinem Umfeld einige Juden duldete und im Ausnahmefall (Samuel Lehrs) sogar befreundete, war in der Regel dem Umstand geschuldet, dass sie keine künstlerische Konkurrenz für ihn darstellten und ihm im Gegenteil handfesten Nutzen einbrachten.

Dies betrifft den früh verstorbenen Pianisten Carl Tausig ebenso wie den Dirigenten Hermann Levi oder den erfolgreichen Impresario Angelo Neumann. Im Falle des Letzteren trat das Instrumentalisierende an Wagner deutlich hervor: In einem Brief aus dem Jahr 1881 beklagt er sich „die Juden … gar nicht mehr los" zu werden; „Neumann hält sich für berufen, meine Anerkennung durch die ganze Welt durchzusetzen", wohl oder übel müsse sich Wagner „die Energie der jüdischen Protektion" gefallen lassen, bleibe aber dabei, die „jüdische Race für den geborenen Feind der reinen Menschheit und alles Edlen" zu halten.

Adressat dieser Einlassungen war kein anderer als Ludwig II., der Wagner immer wieder – wie man sieht: ohne Erfolg – für seinen Antisemitismus rügte.

Berüchtigt wurde vor allem Wagners Schrift „Das Judenthum in der Musik", in der er seine Überzeugungen 1850 unter dem Pseudonym „K. Freigedank" vorträgt und der man ein Schicksal im Giftschrank gewünscht hätte. Zielscheiben seiner Kritik sind die Komponisten Felix Mendelssohn Bartholdy und Giacomo Meyerbeer. Angesichts der Tatsache, dass sich letzterer vielfach um Wagner bemüht hatte und dieser ihm dafür vorher noch – auch in künstlerischer Hinsicht – wortreichen Dank gezollt hatte, kann man nur von einem Zeugnis erschütternder menschlicher Schäbigkeit reden.

Der Tierfreund

Dass Wagner Hunde mochte, haben wir ja schon erfahren. Aber auch anderen Tieren war er zugeneigt: Wagner gilt aus gutem Grund als einer der Vorreiter der Tierschutzbewegung.

Die Motivation hierfür nimmt er zunächst aus eigenem Erleben und dem Mitleid, das er mit misshandelten bzw. getöteten Tieren empfindet. So berichtet er in einem Brief an Mathilde Wesendonck von dem „Entsetzen", das ihn beim Todesschrei eines geköpften Huhns ergriff: „Ich bin diesen so oft schon erlebten Eindruck seitdem nicht wieder losgeworden. – Es ist scheusslich, auf welchem bodenlosen Abgrund des grausamsten Elendes unser, im Ganzen genommen, doch immer genusssüchtiges Dasein sich stützt!"

Endgültig zur Ikone der Tierschützer machte ihn folgende Formulierung, die in Wagners Schriften selbst leider nur schwer nachzuweisen ist: „Ein Tierfreund zu sein gehört zu den größten seelischen Reichtümern des Lebens." Dieses Diktum lässt sich an vielen Stellen wiedertreffen: als Werbung für Kleintierpraxen oder für Tierschutzvereinigungen, für Firmen für Tierbedarf, für Hundezüchter oder auch auf der Homepage eines „Tierkommunikators" (der – etwas moderner als Dr. Dolittle – „Systemische Aufstellungen für Tiere" als Serviceleistung anbietet). Sie alle berufen sich also auf Wagner, was den Kreis der selbsterklärten Wagnerianer nochmals um eine weitere interessante Facette erweitert …

Tatsächlich positionierte sich Wagner auch politisch im Sinne des Tierrechts, was die Ablehnung von schmerzhaften Tierexperimenten bis hin zur damals noch vielfach üblichen Vivisektion (Sezieren bei lebendigem Leib) einschloss. Anders als viele Zeitgenossen, die den Nützlichkeitsgedanken auch beim Tierschutz in den Vordergrund hoben, wurde er hier grundsätzlich: Die Fähigkeit zum Mitleid mit dem Tier be-

Selbst die Tierschutzorganisation *peta* wirbt mit Wagners Zitat.

gründet bei ihm nichts Geringeres als die Menschenwürde selbst.

    Dieser empathische Umgang mit Tieren war für Wagner jedoch offenbar lange Zeit kein Grund, zum Vegetarier zu werden. Erst in seiner späten Schrift „Religion und Kunst" von 1880 lobt er den Fleischverzicht (wie man aus einem früheren Brief entnehmen kann, hatte er vorher täglich Fleisch genossen: „Kalbscotellet mit Spinnat" wurde als regelmäßige Diät aufgeführt). Wie vielen anderen Fleischessern auch war es dem sensiblen Musiker offenbar nur deutlich lieber, wenn sein Abendbrot außerhalb seiner Hör- und Sichtweite vom Dies- ins Jenseits befördert wird.

Liebestrank & Liebestod

„Tristan und Isolde" gehört zweifelsohne zu den Werken, die einen Epochenwandel in der Musikgeschichte eingeläutet haben. Vor allem die unerhört kühne Harmonik bedeutete einen Quantensprung im Vergleich zu Wagners vorheriger Produktion. Dabei war dieser 1854 eigentlich weit mit den Arbeiten am „Ring" fortgeschritten, als ihn eine philosophische Begegnung in ganz andere Bahnen lenken sollte.

Es handelt sich um die Lektüre von Arthur Schopenhauers Hauptwerk „Die Welt als Wille und Vorstellung", das mit seiner pessimistischen Weltauffassung, aber auch mit seiner Mitleidsethik tiefe Spuren in seinem Denken hinterließ. Der Komponist erinnert sich, durch die hierdurch hervorgerufene „ernste Stimmung, … die nun nach einem ekstatischen Ausdrucke ihrer Grundzüge drängte", auf die Beschäftigung mit dem Tristan-Stoff verfallen zu sein.

Einen äußeren Anstoß für die 1857 aufgenommene Kompositionsarbeit gaben die Aussichten, ein im Vergleich zum „Ring" nicht gar so langes lyrisches Stück auf die Opernbühne bringen zu können. Wagner berichtet, der Kaiser von Brasilien habe ihn nach Rio de Janeiro einladen lassen, um „für die dortige ausgezeichnete italienische Operntruppe ein neues Werk zu schreiben". Doch auch Karlsruhe hatte Interesse angemeldet.

Irgendwie kam es dann anders und die Uraufführung erfolgte erst 1865 (und auch das nur, weil Ludwig II. nachgeholfen hatte). Der Grund dafür dürfte wohl hauptsächlich in der Musik zu suchen sein, die – passend zum psychologisch komplexen Stoff – einen Schwierigkeitsgrad erreichte, der für damalige Sänger wie Hörer unzumutbar erschien. Allein schon der Anfang mit dem ominösen, uneindeutigen „Tristan-Akkord"! Die erstmals in ausgereifter Form verwandte Leitmotivtechnik samt dem für

ISOLDE

Opernzwecke untauglich erscheinenden, komplizierten Orchestersatz! Aber auch die zentrale Liebesszene im Zweiten Aufzug mit 25 Minuten Spieldauer, in denen „nur" gesungen und nicht gehandelt wird!

Krisendiagnostik war in der Rezeptionsgeschichte des „Tristan" allgemein ein Stichwort. Der Verfallsprophet Oswald Spengler hat das nach dem Ersten Weltkrieg auf den Punkt gebracht, wenn er über den „Untergang des Abendlandes" raunt: „Im ‚Tristan' stirbt die letzte der faustischen Künste. Dies Werk ist der riesenhafte Schlußstein der abendländischen Musik."

Ganz so schlimm es ja dann nicht gekommen.

Tristan-Akkord

Schmachtende Cello-Sext *a-f'* aufwärts, Achtel *e'* und dann (Holzbläser-„Schrumm"): der ominöse „Tristan-Akkord" mit nachfolgender Auflösung in einen Dominantseptakkord E7. So beginnt der „Tristan", und selten nur hat ein einziger Klang einen ganzen Rattenschwanz von Fragen und Diskussionen hinter sich hergezogen.

Wir werden hier nicht versuchen, die zahlreichen musiktheoretischen Erklärungen für die Bildung f-h-dis'-gis' aufzuzählen. Hier nur ganz grundsätzlich zum Thema: Als dissonierend empfundene Klanggebräue verwendete man in der Musikküche auch früher schon, weil sie spannend und ausdruckssteigernd wirken. Aus Gründen der Benutzerfreundlichkeit hatte man sie aber ganz gerne in Watte gepackt, eine erklärende Vorbereitung (z. B. gleiche Töne im Vor-Akkord) voran- und eine weniger problematische (konsonante) Auflösung hinterhergeschickt. So ist man ungefähr auf dem Laufenden, was es mit dem Klang auf sich hat. Dies ist hier nun anders: Der Akkord ist uneindeutig, kommt ohne viel Vorbereitung daher und könnte in alle möglichen Richtungen weitergeführt werden. Und das ist genau der Sinn der Sache: dass man im Unklaren gelassen, die Tonart als instabil empfunden wird und sich ein gewisser delirierend-schwebender Eindruck einstellt.

Musikdetektive haben ein früheres Vorkommen des Akkords etwa bei Salieri, Haydn, Beethoven, Schubert, Chopin, Schumann oder auch Liszt beobachtet. Aber natürlich kommt es darauf an, was man daraus macht – und warum. Was das angeht, hat Wagner keine halben Sachen gemacht. Im leitmotivisch durchtränkten „Tristan" wird der mehrdeutige, aber gut wiedererkennbare Akkord auf eine Reise durch die Partitur geschickt, die dem Hörer das schlecht Fassliche der ganzen Ausgangssituation immer wieder spüren lässt. Und die Nachwelt hatte etwas, an dem sie sich noch Jahrzehnte später abarbeiten konnte.

Der Märchenkönig

Das Zusammentreffen mit König Ludwig II. gehört zu den unwahrscheinlichsten und glücklichsten Zufällen, die das Leben bereithalten kann: Der finanziell notorisch klamme Wagner musste im März 1864 einmal mehr Hals über Kopf vor seinen Gläubigern fliehen – diesmal aus Wien.

Aufnahme fand er im Haus von Eliza Wille bei Zürich. Der frisch gekrönte 18-jährige Ludwig trifft Wagner im Mai. Wagners Leben erfährt nun seine entscheidende Wendung: Der König hilft ihm finanziell aus und sorgt für eine Unterkunft am Starnberger See; kurz darauf ziehen die Wagners nach München. Dort kann Wagner verschiedene seiner Werke aufführen, namentlich wird „Tristan und Isolde" 1865 endlich uraufgeführt. Ludwig möchte sogar ein eigenes Theater für Wagner-Aufführungen bauen und beauftragt Gottfried Semper mit Entwürfen für München. Die monetären Dimensionen dieser Pläne wie auch Wagners sorgenvoll betrachteter geistiger Einfluss auf den exzentrischen Monarchen führen zu einer richtiggehenden Regierungskrise – erneut flüchtet Wagner in die Schweiz und kann 1866 das Haus Tribschen bei Luzern beziehen, für dessen Miete abermals Ludwig aufkommt.

Wagner behält aber den engen Kontakt zum König, verfasst für ihn die große Autobiografie „Mein Leben" und kann seine weiteren Werke nach wie vor in München zur (Ur-)Aufführung bringen, bevor die Idee zum Bayreuther Festspielhaus reift. Wahrscheinlich waren die bayerischen Minister eher froh, Ludwig damit einigermaßen zufriedengestellt zu haben und den dubiosen Komponisten weitestmöglich entfernt in der oberfränkischen Diaspora, jedoch irgendwie noch unter staatlicher Aufsicht zu wissen …

Der Wagner-Enthusiasmus des Königs wurde aber auch anderweitig teuer für das Staatswesen. Bei der Ausgestaltung

König Ludwig II.

seiner oft als „Märchenschlösser" bezeichneten Bauprojekte gab es reichhaltigen Wagner-Kult, wie etwa im Falle von Schloss Neuschwanstein: Die abgebildeten Szenen beziehen sich auf die Sagen von Lohengrin und seinem Vater Parzival (Thronsaal, Wohnzimmer), die Tannhäuser-Erzählung (Arbeitszimmer, Venusberg-Grotte, in Schloss Linderhof nochmals in größerem Maßstab gebaut), auf Hans Sachs (Ankleidezimmer), Siegfried (Eingangsbereich) oder Tristan und Isolde (Schlafzimmer). Im Park von Linderhof kann man auch die Hundinghütte aus der „Walküre" oder die Einsiedelei des Gurnemanz aus „Parsifal" bestaunen.

Im „bayerischen Versailles" Schloss Herrenchiemsee schließlich befindet sich heute ein König Ludwig II. Museum mit Wagnersaal. Zu den dortigen Exponaten gehören u. a. die Bühnenbildmodelle der Münchner Wagner-Aufführungen sowie die Pläne für das Münchner bzw. das dann ausgeführte Bayreuther Festspielhaus – deutlich erkennbar, dass in Bayreuth eine vereinfachte Version des älteren Projekts realisiert wurde. Wie auch immer man zu dieser opulenten Form der Kulturförderung steht, festzuhalten bleibt: Ohne König Ludwig II. hätte es keine Bayreuther Festspiele gegeben – schon weil dieser Wagner mit 100.000 Taler Privatdarlehen den Bau des Festspielhauses erst ermöglicht hatte.

Die Kitschpostkarte von 1900 zeigt, welche mitunter befremdliche Blüten Ludwigs Wagner-Begeisterung auslöste: Ludwig II. als Lohengrin in der blauen Grotte von Linderhof

„Mein Leben"

Wenn sich Musiker autobiografisch äußern wollten, so geschah dies im 18. Jahrhundert meist in knapper Form, z. B. mit Lebensberichten für Übersichtswerke. Im darauffolgenden Jahrhundert wurden die Dimensionen zunehmend größer: Während die „Erinnerungen aus meinem Leben" des Beethoven-Schülers Carl Czerny noch auf 80 Druckseiten passen, braucht der Komponist Louis Spohr für seine „Selbstbiographie" schon zwei Bände und über 750 Seiten.

Wagner selbst hatte bereits Anfang 1843 (mit nicht mal 30!) eine „Autobiographische Skizze" veröffentlicht, hielt die Geschichte seines Lebens also offenbar schon früh für erzählenswert. Den Anlass für einen neuerlichen Anlauf gab 1864 das Kennenlernen des jungen Königs Ludwig II. von Bayern, der als Mäzen gerne mehr über seinen Protegé erfahren wollte. Und so begann Richard Wagner ab 1865 der Gefährtin Cosima Spannendes und Wissenswertes zu diktieren, was den König zwischen 1870 und 1880 in privat gedruckten Einzellieferungen erreichte. (Einige weitere Exemplare der kleinen Auflagen gingen an gute Freunde.) Der Zeitraum der Autobiografie mit dem griffigen Titel „Mein Leben" reicht von der Geburt 1813 bis zu ebenjenem Treffen 1864.

Wagners Ambition eines biografischen Denkmals scheint damit noch nicht erschöpft gewesen zu sein, denn für die Jahre 1864 bis 1868 legte er in Form von „Annalen" eine stichwortartige Sammlung von Tagebucheinträgen vor. Für die Zeit ab 1869 durfte dann Cosima ein paar Tausend Seiten lange Tagebücher führen, die bis zu Wagners Tod im Jahr 1883 reichen. Praktischerweise war es erneut vielfach Wagner, der im Diktat festlegte, welche seiner bemerkenswerten Handlungen und Äußerungen Cosima für die Ewigkeit aufzeichnen sollte …

Die Veröffentlichungsgeschichte von „Mein Leben" wurde dann selbst zum Krimi. Denn nach Wagners Tod ließ Cosima die wenigen verteilten Exemplare wieder einsammeln (nur die Witwe des Druckers hielt sich nicht daran!), vernichtete die meisten davon und hortete den verbliebenen Schatz in Wahnfried. Gerüchte über eine existierende Autobiografie des Meisters ließen diese zum Mythos werden, so dass 1911 dann doch eine breite Veröffentlichung getätigt wurde. Seitdem hat schon der Titel Kultstatus, an den sich wunderbar anknüpfen lässt, wie etwa im Falle des 2012 erschienenen Buchs des Dirigenten Christian Thielemann „Mein Leben mit Wagner".

Eine eher unrühmliches Echo hat der Titel im politischen Kontext gefunden: Zu den Personen, die Adolf Hitler während seiner Inhaftierung in Landsberg 1924 mit Materialien versorgten, gehörten auch die Wagners. Winifred erinnert sich, dem braunen Agitator „massenhaft Schreibpapier" in die Haftanstalt geschickt zu haben – und auf diesem verfasste dieser dann offenbar den ersten Band seiner autobiografische wie ideologisch-programmatische Züge vereinenden Schrift mit dem lose an Wagner anknüpfenden Titel „Mein Kampf"!

Wagner. Eine Zeitreise

22. Mai 1813	in Leipzig geboren
23.11.1813	Vater stirbt an Typhus
28.08.1814	Mutter heiratet den Maler und Schauspieler Ludwig Geyer
23.02.1831	Immatrikulation an der Universität Leipzig
1833	Chordirektor in Würzburg, Beginn der Komposition „Die Feen"
1834	Ende Juli nach Magdeburg als Musikdirektor engagiert, wo er Minna Planer kennenlernt
29.03.1836	Uraufführung „Das Liebesverbot" in Magdeburg
24.11.1836	Heirat mit Minna in Königsberg
01.04.1837	Musikdirektor in Königsberg
15.06.1837	Berufung als Kapellmeister des Rigaer Theaters
1839	Heimliche Flucht vor Gläubigern aus Riga, Seereise über London nach Paris, hält sich dort mit Gelegenheitsarbeiten und Berichten für die Dresdner Abendzeitung über Wasser
1842	Umzug nach Dresden, dort am **20. Oktober** Uraufführung „Rienzi" sowie am **2. Februar 1843** Uraufführung „Der Fliegende Holländer", daraufhin Berufung zum Hofkapellmeister
19.10.1845	Uraufführung der ersten Fassung von „Tannhäuser" in Dresden

Maiaufstand, in dem Wagner eine aktive Rolle einnimmt, so dass er nach Niederschlagung die Stadt fluchtartig verlassen muss	**03.–09.05.1849**
Erste Kompositionen zu „Siegfrieds Tod"	**August 1850**
Uraufführung „Lohengrin" durch Franz Liszt in Weimar	**28.08.1850**
Beschäftigung mit Arthur Schopenhauers „Die Welt als Wille und Vorstellung", erste Ideen zu „Tristan und Isolde"	**1854**
Nach Verstimmung seines Gastgebers Wesendonck verlässt Wagner Zürich; Ehekrise aufgrund seiner Beziehung zu Mathilde von Wesendonck (er bleibt aber bis zu Minnas Tod 1866 mit ihr verheiratet); finanzielle Probleme	**1858**
Ludwig II. von Bayern trifft und unterstützt Wagner, sorgt für seine Bleibe in Bayern sowie am **10. Juni 1865** die Uraufführung von „Tristan und Isolde" in München	**1864/65**
Einzug ins Haus Tribschen bei Luzern, finanziert von Ludwig II.	**1866**
Uraufführung „Die Meistersinger von Nürnberg" in München	**1868**
Heirat mit Cosima nach deren Scheidung von von Bülow	**1870**
Erste Festspiele in Bayreuth im neuerbauten Festspielhaus mit Uraufführung der integralen Ring-Tetralogie	**13.–30.08.1876**
Uraufführung des „Parsifal", nachdem Ludwig II. im Vorjahr die alleinige Schirmherrschaft über die Festspiele übernommen hatte	**26.07.1882**
stirbt in Venedig in den Armen Cosimas nach einem Herzanfall	**13.02.1883**

Leichte Kost

So kann es gehen, wenn Wagner eine „Komische Oper" quasi als leichtere Kost zwischen Großprojekte einschieben wollte, um auch mal einen schönen Publikumserfolg einzufahren: Der Entstehungsprozess dauerte fast 23 Jahre bis zur Premiere, und das mit der leichten Kost werden manche bei viereinhalb Stunden Aufführungsdauer vielleicht nicht ganz teilen wollen.

Was der Komponist wohl selbst einsah, denn der Untertitel „Komische Oper" war bis dahin weggefallen. Immerhin hat das mit dem Publikumserfolg geklappt, denn seit der Münchner Uraufführung von 1868 spielen „Die Meistersinger von Nürnberg" eine wichtige Rolle innerhalb der Wagner-Rezeption. Dies betrifft leider auch deren nationalistische Verirrungen.

An dieser Stelle sollten eigentlich keine Inhaltsangaben der Werke stehen, weil sie den Rahmen sprengen und woanders besser nachgelesen werden können. Weil sie aber so genial ist, muss die Zusammenfassung von Loriot hier in Gänze abgedruckt werden:

„Wir stoßen auf einen mittelalterlichen Handwerkerverein, der nach Feierabend selbstkomponiertes Liedgut pflegt. Eine schreckliche Vorstellung. Die Laienkünstler singen zudem solo nach derart verstaubten Regeln, dass Neulingen jeder Ton im Halse stecken bleibt. Glücklicherweise hat sich Richard Wagner der Sache angenommen. In nur viereinhalb Opernstunden verhilft ein älterer Schuster der modernen Gesangskunst zum Durchbruch und verzichtet auf eine sympathische Blondine. Dies tut er, wenn ich das Finale richtig verstanden habe, für Deutschland."

Politische Einflüsse bei der Kunstproduktion sind tatsächlich wahrscheinlich, so dass die Akzentuierung des Deutschen vor dem Hintergrund des preußisch-österreichischen („Deutschen") Kriegs von 1866 auch als Kommentar zur aktuellen Lage verstanden werden konnte. Mindestens ist es jedoch das allgemeine Verhältnis von Kunst und Gesellschaft, dem hier nachgespürt wurde.

Das mittelalterliche, „fränkisch-freie" Nürnberg als Austragungsort künstlerischer Selbstfindung einer Gesellschaft zu wählen, stellt demgegenüber einen Anknüpfungspunkt zu einer Tradition dar. Zum Vorspiel der „Meistersinger" wurde der Komponist dann interessanterweise nach eigenem Bekunden vom „‚goldenen' Mainz mit dem vor ihm dahinströmenden majestätischen Rhein" inspiriert und nicht von Frankenmetropole und Pegnitz – was mich als geborenen Nürnberger dann doch auch ein bisschen ärgert …

Bilderbogen zu den „Meistersingern" aus dem Jahr 1870

POPULÄRER IRRTUM

Leitmotiv

Zur Erklärung von Wagners Kompositionsstil wurde vielfach auf den Einsatz seiner sogenannten Leitmotivtechnik hingewiesen, die mit dem „Ring" zu ihrer vollkommenen Entfaltung gelangt sei. Der Begriff Leitmotiv wurde dabei gar nicht vom Komponisten selbst geprägt, sondern fand sich zuerst beim Musikkritiker August Wilhelm Ambros, der damit 1860 Besonderheiten in der Musik von Wagner und Franz Liszt benennen wollte.

Zu diesem Zeitpunkt war der „Ring" aber noch gar nicht komponiert. Dagegen stellte der Schriftsteller Hans von Wolzogen anlässlich der ersten integralen Ring-Aufführung 1876 sein Konzept vom „thematischen Leitfaden" vor: Um mit einem „roten Faden" durch das Labyrinth des Monster-Kunstwerks zu führen, identifizierte er einige Grundmotive, die wenig später unter dem griffigen Titel „Leitmotiv" gehandelt wurden.

Laut Wagner wollte er „in einem das ganze Kunstwerk durchziehenden Gewebe von Grundthemen" einen einheitsstiftenden Faktor anlegen. Er knüpfte damit an zwei bekannte Techniken an: Die sogenannte thematisch-motivische Arbeit, die im Anschluss an Beethoven vor allem in Deutschland eine große Rolle spielte. Und den in Opern vielfach anzutreffenden Einsatz von Motiven und Themen zur Charakterisierung von Personen oder Sphären. Wagners Leitmotive sollten nun die sichtbare Handlung nicht nur verdoppeln, sondern auch das auf der Bühne vielleicht nur unbewusst Mitschwingende hörbar machen.

Den Publikumserfolg des Konzepts machten dann aber eher populäre Opernführer aus, in denen man das Auftauchen und Wiederscheinen von markant benannten musikalischen Bildungen („Erda-Motiv", „Ring-Motiv", „Entsagungsmotiv") mitverfolgen konnte.

AHA!

Opus Magnum

∙∙∙∙∙∙∙∙∙∙∙∙∙∙∙∙∙∙∙∙∙∙∙∙∙∙∙∙∙

„Der Ring des Nibelungen" ist sozusagen Wagners *opus magnum*, in dem Mythos, Macht, Mord und noch einiges mehr verteilt auf drei Abende und einen Vorabend verhandelt werden. Schon die Dauer-Dimensionen sind beeindruckend: Für die „Abende" mit „Die Walküre", „Siegfried" und „Götterdämmerung" kann man je so vier bis fünf Stunden Spieldauer einplanen, die leichte Vorspeise des „Vorabends" „Das Rheingold" belässt es bei etwa zweieinhalb Stunden – was bei Verdi die Standardlänge für eine vollgültige Oper wäre.

Nicht nur der Anspruch auf Welterklärung ist enorm, auch das dafür eingesetzte Personal lässt wenig zu wünschen übrig: Es tummeln sich Götter, Riesen, geistartige Reiters-, Schicksals- und Wasserfrauen (Walküren, Nornen und Rheintöchter), Superhelden, Fürstenhofbewohner, Schurken, „Mannen" und Frauen, Drachen und Zwerge. Unter letzteren Alberich, der namenverleihende Nibelunge.

Genau: Es heißt Ring „des" und nicht „der" Nibelungen. Weil es Alberich ist, der mit seinem Golddiebstahl ganz am Anfang den ganzen Apparat in Bewegung bringt. Denn aus dem Gold macht er sich einen Zauberring, der ihm dann von Göttervater Wotan abgeluchst wird, der ihn innerhalb anderer sinistrer Zusammenhänge einsetzt und verliert. Am Schluss muss er zurückgegeben werden (und zwar den Rheintöchtern, den ursprünglichen Goldhüterinnen), was aber nicht ohne götterheimstattvernichtende Feuersbrunst abgeht. Wer die Logik dahinter nicht versteht, sollte Fantasyfilme meiden …

Seit 1848 feilte Wagner an seinem „Nibelungen-Mythus" und beschäftigte sich dafür mit germanischer Mythologie, u. a. mit Überlieferungen der „Edda" und der „Völsunga-Saga", insbesondere der Version des Snorri Sturluson (sorry: den Namen musste ich einfach unterbringen!). Ab 1853 finden sich erste

Kompositionsskizzen, doch erst in den Jahren 1869/70 wurden die ersten beiden Teile in München uraufgeführt. Und zwar gegen den Willen Wagners, der bei den Produktionen auch nicht mithalf, weil er auf die Komplettierung des Gesamtwerks und integrale Wiedergabe gedrängt hatte. Doch die Sucht von König Ludwig II. nach Wagnermusik war einfach unstillbar …

Um das Mammutwerk ganz in die Welt zu bringen, musste erst das Festspielhaus in Bayreuth fertig sein, was bis 1876 dauerte – 28 Jahre nach Beginn des Unterfangens! Notgedrungen kön-

So stellte man sich Wagner beim Komponieren seines Opus Magnum vor: Postkarte von Balestrieri

nen hier die Verästelungen der Entstehungs- und Rezeptionsgeschichte des Rings nicht einmal ansatzweise beschrieben werden. Man sollte aber darauf hinweisen, dass bei einem derartig auf Komplexität und Tiefe hin entworfenen Werk die Interpretationsansätze geradezu unermesslich sind – relativ früh kam beispielsweise die Deutung als marxistische Kapitalismuskritik auf (z. B. in George Bernard Shaws „Wagnerbrevier" „The Perfect Wagnerite"), mittlerweile wird viel auf die ökologischen Aspekte der Erzählung (Rhein, Weltesche, Wald!) eingegangen.

POPULÄRER IRRTUM

Richtig betonen I

Wie auch immer die Allgemeinheit glaubt, Wagnersche (Personen- oder Orts-) Namen aussprechen zu können/dürfen/müssen – es gibt auch hierfür vom Meister klar festgelegte Vorgaben, an deren richtiger Anwendung man wahres Wagner-Kennertum erkennt ...

Somit sei hier ein für alle Mal festgehalten: Richtig ausgesprochen heißt es „**Wā**lküre", nicht „Wall**kü**re"! (Betonung bzw. Längung auf erster, nicht auf zweiter Silbe.)

Diese Information kann Ihr Leben verändern (probieren Sie es mal mit diesbezüglicher Rechthaberei in Bildungsbürgerkreisen aus – es wirkt mit großer Sicherheit!). Jedenfalls war diese Mitteilung, seitdem sie mir durch meinen verehrten akademischen Lehrer Prof. Dr. Werner Breig erstmals überbracht wurde, für mich von ähnlicher Wirkung wie Ulrich Wickerts Auftritt bei Alfred Bioleks Kochshow „Alfredissimo", als Wickert (Mitglied eines französischen Käseordens!) der Welt erklärte, dass man beim Käse die Rinde nicht mitisst. Nie. Ist im Zweifelsfall nicht giftig, trägt aber nichts zum Genuss bei.

So, das lassen wir sich jetzt erstmal setzen und liefern die trockenen Details nach.

Richtig betonen II

Wagner war bekanntlich nicht allein Komponist, sondern auch Dichter – und vor allem immer Theatermensch mit weitreichenden Kompetenzen von der Besetzung der Rollen bis hin zur Regieführung. Als solcher hatte er sehr klare Vorstellungen von der Art und Weise, wie seine Texte auszusprechen (bzw. -singen) und insbesondere zu betonen seien.

Er hätte sich die ganze Mühe mit der Stabreimerei ja auch nicht machen müssen, wenn diese nicht mit einer eindeutigen Präferenz der Betonung der Anlaute und Stammsilben einhergegangen wäre. In der Betonung der vorletzten Silbe erkannte er dagegen romanische italienische – oder noch schlimmer: französische – Einflüsse, wie überhaupt das Zählen von Akzentsetzungen im Gegensatz zum (italienischen) Silbenzählen als Charakteristikum der Metrik im Deutschen benannt wird. Dabei sei die wohlklingende, auf den langen Vokalbildungen beruhende Wirkung („Euphonismus") des Italienischen in Sprache wie Gesang nicht im Mindesten zu bestreiten. In einer Mitteilung an König Ludwig II. kommt Wagner auf deren Vorzüge zu sprechen: Ihre „äußerst dehnbaren Vokale" würden „durch die anmuthige Energie ihrer Konsonanten nur zu wirksameren Klangkörpern". Demgegenüber beruhe das Deutsche auf dem „energisch sprechenden Accent", ohne deswegen doch den Wohlklang aufgeben zu wollen.

Die Phonetikerin Ursula Hirschfeld und der Musikwissenschaftler Kai Hinrich Müller gelangen 2017 zu dem Schluss, dass es Wagner aufführungspraktisch um „eine starke Betonung der jeweiligen Akzentsilben" gegangen sei. Das Beispiel der **Wal**küre zeigt Wagners Intentionen in aller Deutlichkeit, da sie offenbar schon im 19. Jahrhundert abweichend (also falsch) ausgesprochen wurde: Cosima erinnert sich, dass sich Richard bei „Gelegenheit der fehlerhaften Aussprache … ereifert" und gefragt hätte „wo denn die Leute ihre Kenntnisse der Dinge hernähmen".

Die laut Wagner (übrigens anderweitig durchaus angezweifelte) Herleitung der **Wal**küre sei aus den Worten Brünnhildes zu entnehmen: „zur Wal [= Wahl] kor ich mir", die verbreitete, aber falsche Aussprache sei eine französische …

Das zieht sich dann übrigens so durch: Es heißt dann demzufolge auch **Wal**halla (die Halle, für welche die würdigen Helden ausgewählt wurden) und **Brünn**hilde (eine Hilde, die sich durch ihre kriegerische Brünne, also Körperpanzerung auszeichnet). Es klappt einfach immer, hier mal zum selbst ausprobieren: **Wo**tan, **Al**berich, **Sieg**mund und **Sieg**linde – dann natürlich auch **Sieg**fried –, **Faf**ner, **Ha**gen **und**soweiter (wo**bei** – Mo**ment** …).

POPULÄRER IRRTUM

Die Männer von Flake

Wikinger tragen Wikingerhelme mit Hörnern – das ist doch klar, oder?

Vorstellungen von der Tracht altnordischer Recken beinhalten tatsächlich vielfach den sogenannten Wikingerhelm, der mit furchteinflößenden bzw. schmückenden Hörnern versehen ist. Das kennt man aus „Wickie und die starken Männer" ebenso wie von „Hägar dem Schrecklichen". Ein derartiger Helmschmuck war aber eher nicht für das tatsächliche Schlachten-Tagwerk geeignet. Das wissen auch die meisten Hollywood-Historienschinken, mindestens seit „The Vikings" von 1958. Erhaltene Kopfbedeckungen wie der berühmte Gjermundbu-Helm aus dem 10. Jahrhundert (ausgestellt im Kulturhistorischen Museum in Oslo) sind jedenfalls funktional-hörnerlos gestaltet. Die schicken Hörner gab es allenfalls als Ornat bei rituellen Anlässen.

Anders natürlich, wenn sich Wagner für seinen „Ring" mythische Figuren vorstellt: Auf den überlieferten Kostümentwürfen und Fotos von der Uraufführungsproduktion aus dem Jahr 1876 kann man alle möglichen Applikaturen für Helme bestaunen: Wotan verfügt über einen beeindruckenden Flügelhelm (nur als „Wanderer" verkleidet er sich mit einem breitkrempigen Hut), Brünnhildes Flügel liegen eher aerodynamisch schnittig, Hunding hat so lyra-artig

Der Eisenhelm, der 1943 im norwegischen Gjermundbu gefunden wurde, kommt ganz ohne Hörner aus.

POPULÄRER IRRTUM

gerundete Hörner auf dem Kopf (ein sprechendes Bild für seinen ehelichen Status), und bei den „Mannen" der „Götterdämmerung" trifft man dann die typischen Wikingerhörner an.

Nun stellen die Mannen aber Burgunder dar und keine Wikinger. Das könnte man angesichts der Wirrnisse der Völkerwanderung einfach wegblinzeln, denn in die Diskussion, wer sich wann wo aufgehalten hat, sollte man ohne mehrjähriges Geschichtsstudium besser nicht einsteigen. Doch auch bei Wagner sind wir gerade am Rhein und nicht in Skandinavien.

Wirkungsmächtig wurden diese Hörner jedenfalls für das populäre Bild der Nordmänner, auch wenn sie daraus in Wirklichkeit eher Met getrunken haben dürften. Die Wagner-Helme wirkten also wie eine Art stilistischer Katalysator, vergleichbar mit der frühen Coca-Cola-Werbung in Bezug auf Santa Claus: Es ging nicht um historische Wahrheit oder Priorität, sondern um ein einprägsames Bild – und hierbei hat Wagner ganze Arbeit geleistet.

Bariton Franz Betz (1835–1881) als Wotan – mit geflügeltem Helm. Aufnahme von den ersten Bayreuther Festspielen 1876.

Im Fokus der Juristen

Nicht nur der Komponist selbst erregte durch seine politische Laufbahn als steckbrieflich gesuchter Revolutionär (je nach Lesart: politisch Verfolgter oder Terrorismusverdächtigter) das Interesse der Justiz, auch seine Werke wurden zum Gegenstand juristischer Untersuchungen.

Angesichts der Fülle von Mord, Totschlag und anderen Nickeligkeiten, die in der Oper des 19. Jahrhunderts ansonsten auch so auf die Bühne gebracht wurden, könnte man hier eigentlich eine generelle Fundgrube für juristische Repetitorien vermuten: Von Gruselschockern wie Heinrich Marschners „Der Vampyr" (dessen Protagonist ja immerhin zwei unschuldige Opfer auf dem nicht vorhandenen Gewissen hat, bevor ihm im 3. Akt endlich das schändliche Hand- bzw. Beißwerk gelegt werden kann) über die notorisch fatal verlaufenden Großen Opern eines Giacomo Meyerbeer – einschließlich Pogrom-Ausschreitungen („Die Hugenotten") oder in die Luft gejagten Schlössern („Der Prophet") – bis hin zu den mörderischen Eifersuchtsdramen des Verismo kam da einiges an strafbarer Handlung zusammen. Es bedurfte aber vermutlich der mythologischen Aufwertung, wie sie vor allem das Großwerk „Der Ring des Nibelungen" verströmte, damit sich rechtswissenschaftliche Autoren einen künstlerischen Gegenstand quasi auf Augenhöhe vornehmen wollten.

Im Jahr 1968 erschien das als Parodie geschriebene, bahnbrechende Buch „Richard Wagners ‚Ring des Nibelungen' im Lichte des deutschen Strafrechtes", angeblich aus der Feder des (leider fingierten) Ernst von Pidde (1877–1966). Mit dem Strafgesetzbuch in der Hand geht Pidde den „Ring" durch, beurteilt die jeweils vorliegenden Straftaten und kommt zu einem beachtlichen Fazit: Verhängt werden könnten fünf Mal lebenslänglich – für Alberich, Fafner, Fricka, Hagen und Brünnhilde – sowie insgesamt 90 Jahre Freiheitsentzug. So sei z. B. im Falle Wotans

„Zuchthaus bis zu 15 Jahren" das vorgesehene Strafmaß für kriminelle Taten wie die „Erschleichung des Ringes", die „Beihilfe zum Tod Siegmunds", den „Totschlag Hundings", die „Einschläferung Brünnhildes" sowie „Brandstiftung".

Doch auch wenn man dem Werk nicht gleich mit dem ganz großen strafrechtlichen Besteck auf den Leib rückt, bleibt genug an zivilrechtlichen Fragestellungen übrig. So hat sich der (definitiv nicht fingierte) Prof. Dr. Helmut Rüßmann von der Universität des Saarlands im Jahr 2005 in unabhängigen Veröffentlichungen sowohl an „Wotans Verträge" als auch an die brennende Frage gewagt: „Wem gehört der Ring?" In dieser zweiten Untersuchung kommt Rüßmann vor allem für das „Eigentum am Ring nach Fafner" zu einer berückenden, jedoch nicht abschließenden Feststellung, die aufgrund ihrer weitreichenden geopolitischen Konsequenzen hier wiedergegeben sei:

„Doch ist Fafner tot. Ein Toter kann nicht Eigentümer sein. Wer ist nach Fafner Eigentümer des Ringes geworden? […] Beim Tod denkt man spontan an das Erbrecht. Eigentümer des Rings müsste der Erbe Fafners sein. Doch hat Fafner kein Testament gemacht, und er starb auch als letzter seines Geschlechts. Ohne Testament und ohne Verwandte erbt nach § 1936 Abs. 1 BGB der Staat, bei Aufführungen im Bayreuther Festspielhaus der Freistaat Bayern. Die Lösung mag den Bayern gefallen. Denn sie wären damit als legitime Erben der Weltherrschaft ausgewiesen."

Damit scheint das juristische Potential des Rings immer noch nicht ausgeschöpft gewesen zu sein, denn 13 Jahre später legte der Rechtsanwalt Peter Ernst Küfner ein erneutes Buch zum Thema vor: In „Vier Ehedramen und zehn Todesfälle. Unrecht und Recht in Richard Wagners Ring des Nibelungen" identifiziert er Wotan als den kreativsten und produktivsten der wirkenden Kriminellen, da dieser „in mehrerer Hinsicht kriminelle Taten begeht: Umweltverbrechen, familiäre Verbrechen und natürlich auch Tötungen." Demgegenüber sei der angebliche „Raub" des Rheingolds durch Alberich aus heutiger Sicht lediglich als „normaler Diebstahl" zu bewerten."

Man wird gespannt erwarten dürfen, welche weiteren rechtlichen Fragestellungen sich auch in anderen Bühnenwerken Wagners verfolgen lassen, denn so ganz rechtskonform und sauber ging es dort ja kaum je vonstatten, sei es bei „Tristan und Isolde" (was machen wir aus der rezeptfreien Verabreichung des Liebestranks?), „Lohengrin" (darf man anonym heiraten?) oder den „Meistersingern von Nürnberg" (mit der Prügelszene, die von einer nächtlichen Ruhestörung und individuellen Handgreiflichkeiten ausgehend in eine Massenschlägerei mündet). Allerdings sind diese eigentlich nicht sozialkompatiblen, devianten Besonderheiten natürlich auch diejenigen Handlungselemente, die das Ganze überhaupt erst spannend machen …

Wagnertuba

Das 19. Jahrhundert beschäftigte sich viel mit instrumentenbaulichen Fragen von (Blech-) Blasinstrumenten. Dahinter stand der Wunsch, auch für diese möglichst alle Töne der chromatischen Skala gut spielbar zu machen und so harmonische Neuerungen in allen Instrumentengruppen des Orchesters realisieren zu können. So wurden neue Bauformen entwickelt, Bügel, Klappen oder Ventile angebracht und überhaupt der ganze Klangapparat erweitert und verstärkt.

Einer der führenden Instrumententüftler der Ära war Adolphe Sax, der mit den Komponisten seiner Zeit eng zusammenarbeitete, um seine Neuerungen an den Markt zu bringen. Mit Giacomo Meyerbeer stand er in guter Beziehung, der seine neue Bauform der Bassklarinette (in „Les Huguenots") ebenso wirksam in seinen Opern vorstellte wie die tuben-artigen Saxhörner (in „Le Prophète") und der auch mit dem Saxophon experimentierte (wie Skizzen für „Le Prophète" zeigen).

Das konnte Wagner natürlich so nicht auf sich beruhen lassen, und so ließ er für den „Ring" eigene Bauformen von Tenor- und Basstuben entwerfen, die aufgrund ihrer hornartigen Mundstücke auch von den Hornisten Nr. 5 bis 8 zu spielen waren. Diese gingen unter dem Namen „Wagnertuba" in die Instrumentenbaugeschichte ein.

Gerard Hoffnung, als Kind aus Deutschland vor den Nazis geflohen, spielte selbst Tuba – und verewigte die Wagnertuba in einer Karikatur.

Kein Bett für Karl Marx

Richard Wagner veränderte mitnichten nur die Kunstwelt, sondern wirkte auch in den politischen Dimensionen seines Schaffens prägend für seine Zeit. Dies konnte zu seinem Ärger auch Karl Marx nicht verborgen bleiben, der nach der Hinwendung des ehemaligen Mit-Revolutionärs von 1848 zu Monarchie und Staatswesen wenig mehr an Wagner zu rühmen fand.

Der Kommunist bezeichnete den Komponist 1876 als „neudeutsch-preussischen Reichsmusikanten" und mag in den Festspielen lediglich das „Bayreuther Narrenfest des Staatsmusikanten Wagner" erkennen, aufgrund dessen er keine Unterkunft in Nürnberg mehr bekam.

Welchen aktuellen Stellenwert die Festspiele hatten, lässt sich an seiner Feststellung ablesen: „Allüberall wird man mit der Frage gequält: Was denken Sie von Wagner?" Dabei moniert Marx auch den zur Schau gestellten familiären Beziehungsstatus: „Er nebst Gattin, der von Bülow sich Getrennthabenden, nebst Hahnrei Bülow, nebst ihnen gemeinschaftlichem Schwiegervater Liszt hausen in Bayreuth alle vier einträchtig zusammen, herzen, küssen und adorieren sich und lassen sich's wohl sein. Bedenkt man nun außerdem, daß Liszt römischer Mönch und Madame Wagner, Cosima mit Vornamen, seine von Madame d'Agoult gewonnene ‚natürliche Tochter' ist – so kann man kaum einen besseren Operntext für Offenbach ersinnen als diese Familiengruppe mit ihren patriarchalischen Beziehungen. Es ließen sich die Begebenheiten dieser Gruppe – wie die Nibelungen – auch in einer Tetralogie darstellen."

Dem „Getrommel der Zukunftsmusik in Bayreuth" kann Marx also wenig abgewinnen, der 1877 hofft, dass die neueren politischen Ereignisse „den deutschen Kulturphilister wohl überzeugt haben [werden], dass es noch wichtigere Dinge in der Welt gibt".

Die Bayreuther Festspiele

„Bayreuth" und der „Grüne Hügel" – die von Wagner für Wagner erdachten Festspiele sind selbst ihr eigener Mythos. Dafür muss man dann aber mythostypische Unklarheiten aushalten.

Beginnen wir mit der Aussprache der beheimatenden Stadt: Einheimische betonen sie eher auf der ersten Silbe und verhalten sich damit durchaus wagnerkonform, laut Duden ist aber die Betonung auf der zweiten Silbe richtiger – was wiederum von manchen auf Markgräfin Wilhelmine von Bayreuth und ihre Vorliebe fürs Französische zurückgeführt wird …

Uraufführung von Richard Wagners Oper ‚Das Rheingold' in Bayreuth

Das Wagner-Theater in Bayreuth nach seiner Vollendung, kolorierter Holzstich von 1873, nach einem Gemälde von Louis Sauter

Voller Fragen gestaltet sich auch die Frühgeschichte des Festivals: Obwohl das (entzückende) Markgräfliche Opernhaus dem nach einem passenden Aufführungsort für seinen „Ring" suchenden Wagner 1870 als zu klein erschien, hielt er am Regionalzentrum Oberfrankens fest. Doch wie das gigantische Unter-

fangen finanzieren, wenn man erst einmal eine Spielstätte bauen musste, in der sich Wagner gleichzeitig als Komponist, Textdichter, Intendant und Regisseur präsentieren konnte? Die Antwort sollte in einer Frühform des Fundraising bestehen: Ausgegeben wurden Patronatsscheine à 300 Taler, mit denen man auch das Anrecht auf drei „Ring"-Aufführungen buchte. Das war aber nicht hinreichend – Ludwig II. sprang einmal mehr großzügig ein. Im Jahr 1872 erfolgte die Grundsteinlegung fürs Festspielhaus, die private Villa Haus Wahnfried (Wahlspruch „Wo mein Wähnen Frieden fand") konnte 1874 bezogen werden – ebenfalls bezuschusst vom Märchenkönig.

Das Festspielhaus selbst stellt eine abgespeckte Version der für München entworfenen Pläne dar, wobei das Klangerlebnis leitend für die Architektur war: Bevorzugtes Baumaterial ist Holz, durch den „mystischen Abgrund" des besonders tief geschnittenen Orchestergrabens wird Klangdämpfung wie -rundung erzielt. Legendär auch die unbequemen, aufmerksamkeitserhaltenden Stühle (es gibt jedoch einige besser gepolsterte VIP-Sitze).

Als die Festspiele schließlich im August 1876 mit der Uraufführung des integralen „Ring"-Zyklus aus der Taufe gehoben wurden, versammelte sich eine illustre internationale Gesellschaft einschließlich Nietzsche, Kaiser Wilhelm I. und natürlich zahlreichen Künstlern. Dessen ungeachtet wurde das Erstlingsjahr ein finanzieller Misserfolg, so dass an weitere Festspiele zunächst nicht zu denken war und sogar über die Aufgabe des Projekts nachgedacht werden musste. Erst 1882 wurde ein zweiter Durchlauf gewagt, bei dem „Parsifal" seine weihevolle Premiere erlebte – und mit 16 Aufführungen größeren Erfolg bescherte.

Nach Richard Wagners unerwartetem Tod 1883 fand sich Cosima an der Spitze des künstlerischen Unternehmens wieder. Zusammen mit Sohn Siegfried, der 1908 den Staffelstab übernahm, gelang es trotz anfänglicher Anlaufschwierigkeiten, die Frequenz der Festspieljahre zu steigern, so dass bis zur Unterbrechung durch den Ersten Weltkrieg 20 weitere Jahrgänge durchgeführt werden konnten. Dies mag auch als Beleg dafür dienen, dass das Ableben eines Künstlers seiner Verbreitung manchmal sogar zuträglich ist (was viele aber ebenso wenig trösten mag wie die drastisch verringerten Lebenshaltungskosten). Finanzielle Engpässe begleiteten den als Privatunternehmen der Familie Wagner geführten Betrieb lange Zeit. In Einklang mit Siegfrieds Testament von 1929 blieb die künstlerische Verantwortung auch nach der Beteiligung weiterer *stakeholder* (wie der Gesellschaft der Freunde von Bayreuth oder staatlichen Stellen) bis zum heutigen Tage beim Wagner-Clan – angesichts des nunmehr fast 150-jährigen Bestehens der Festspiele ein einmaliger dynastischer Erfolg!

Ein mitleidend
leidvoll wissender Thor

Die erste Beschäftigung Richard Wagners mit der Gralsritter-legende und dem „Parzival" des Wolfram von Eschenbach datiert bereits auf die 1840er Jahre. Mit dem Oratorium „Das Liebesmahl der Apostel" und dem Entwurf einer Oper „Jesus von Nazareth" hatte sich Wagner zu jener Zeit auch sonst weit auf christliches – besser gesagt: christusbezogenes, denn mit dem Amtskirchen-verständnis war das schon damals nicht immer deckungsgleich – Terrain vorgewagt. Entscheidende Impulse für die Neu-Inter-pretation des Stoffs gab jedoch die Schopenhauer-Lektüre von 1854, so dass mit der Fertigstellung des „Tristan" 1857/58 ein neuer Mitleids-Dreh gefunden war. Laut Selbstauskunft des Künstlers hatte ein Karfreitagserlebnis 1857 diese Konzeption befeuert.

In der späteren, 1877 beendeten Textfassung spielen dann noch einige Momente eine Rolle, die mit Wagners damals aktueller Weltanschauungsphase zusammenhängen: Mit den Gralsrittern begegnet man einer elitären Eingeweihten-Kaste, die sich vegetarisch ernährt (nur von Brot und Wein!) und bei der Keuschheit oberstes Gebot ist. Zu den Prüfungen, die Parsifal im Rahmen seiner Karriere hin zum Ritterkönig zu durchlaufen hat, gehört namentlich die Abwehr von lasziven Blumenmädchen und erotischen Avancen der geheimnisvoll-ambivalenten Kundry (hat sündige Vergangenheit, darf aber am Schluss miterlöst werden). Nicht nur Nietzsche empfand den späten Sittsamkeitsprediger Wagner als nicht weit vom berühmten gärtnernden Bock.

Die Erlösungsthematik selbst ist für Wagner natürlich sozusagen Alltagsgeschäft, nur dass dieses Mal keine Frau dafür arbeiten und leiden muss, sondern der Titelheld selbst das erledigt. Und mit den ominösen Schlussworten „Erlösung dem Erlöser" wird die Erlösungsspirale noch um eine Umdrehung weiter gedreht. Darüber hinaus ließ der Zug zur Geheimwissenschaft, der das Werk durchweht und der durch die instabile Harmonik (samt semantisch besetzten tonartlichen Sphären As-Dur vs. h-Moll/D-Dur) klanglich noch verstärkt wird, den „Parsifal" zum Liebling esoterischer bis okkultistischer Kreise der Jahrhundertwende werden.

Für Zeitgenossen und Nachwelt wurden aber noch andere der Aspekte interessant. So steckt in Gurnemanz' Formulierung „zum Raum wird hier die Zeit" ein ganzes Arsenal von Denkanstößen. Vorstellungen einer „verräumlichten Zeit" oder eines „musikalischen (Zeit-)Raums" spuken seit jener Zeit in den Köpfen herum. Auf alle Fälle sind die bewusst überdehnten Zeitstrukturen im „Parsifal" dazu angetan, Hörern die Erfahrung einer raumähnlichen Zeitwahrnehmung zu verschaffen. Wenn man „Parsifal" in diesem Sinne als Entschleunigungstherapie anwenden möchte, sollte man ungeduldige Gemüter aber zumindest vorwarnen, dass man die Zeit dafür schon selbst mitbringen muss …

No future

Wagner und Nietzsche: Von der geistigen Wirkungsgeschichte her wären sie *das* Dream Team des späten 19. und frühen 20. Jahrhunderts geworden! Doch bei zwei derart starken, neu- und freidenkenden Egos war Abstimmung der Ziele wohl keine Option.

Dabei hatte es sehr vielversprechend begonnen: Aufgewachsen in einem kleinbürgerlich-christlichen, als repressiv empfundenen Umfeld, meint Nietzsche, er hätte wohl seine „Jugend nicht ausgehalten ohne Wagnersche Musik".

So wurde das Zusammentreffen mit Wagner 1868 (Nietzsche war gerade 22 Jahre) zu einem einschneidenden Erlebnis. Bereits 1869 erhielt Nietzsche dann eine Professur für klassische Philologie in Basel (was damals noch nicht so gut bezahlt war). Dort entstand mit der „Geburt der Tragödie aus dem Geiste der Musik" (1872) eine Schrift, die vielen als gezielter Versuch der Nobilitierung von Wagners Konzept des Musikdramas erschien.

Wenn er 1876 als vierte seiner „Unzeitgemäßen Betrachtungen" ein Kapitel „Richard Wagner in Bayreuth" einfügt, das bereits die Erfahrung der Uraufführung des „Ring" behandelt, so geschieht das ebenfalls zum Großteil noch in würdigender Absicht. Doch hier hatten sich bereits die ersten Zweifel für Nietzsche ergeben, der in der „gleich schauerlichen und süßen Unendlichkeit" des „Tristan" das „non plus ultra Wagners" erblickte – alles Spätere sei demgegenüber ein Rückschritt. So erklärt sich auch die eigenartige Schlusswendung dieser Schrift: Der Wagner des „Ring" sei „nicht der Seher einer Zukunft, wie er uns vielleicht erscheinen möchte, sondern Deuter und Verklärer einer Vergangenheit". Zu dieser Zeit arbeitete der Philosoph bereits an einem seiner Hauptwerke, „Menschliches, Allzumenschliches" (1878), wo aus den langen Ausführungen über den „Künstler" (ursprünglich hatte es noch direkt „Wagner" geheißen!) eine wach-

sende Differenz zu Wagners ästhetischen wie ethischen Vorstellungen hervorgeht.

Das Phänomen Wagner ließ ihm aber keine Ruhe – Nietzsche arbeitete sich weiterhin am Musiker ab, wie man an den letzten Schriften vor seinem gesundheitlichen Zusammenbruch 1889 in Turin sieht. Zu ihnen gehören mit „Der Fall Wagner", „Götzen-Dämmerung", „Nietzsche contra Wagner" und eben „Ecce homo" überdurchschnittlich viele mit direktem Wagner-Bezug. Nietzsche, zu dessen philosophischer Grundausstattung die Ideologiekritik mit ihrem Zweifel an allen „-ismen" gehörte, wendet sich hier auch vehement gegen die Tendenzen von Antisemitismus und Deutschtümelei, die er unter den Wagner-Anhängern ausmacht und die den Künstler selbst beschädigten: „Was war geschehn? – Man hatte Wagner ins Deutsche übersetzt! Der Wagnerianer war Herr über Wagner geworden! – Die deutsche Kunst! Der deutsche Meister! Das deutsche Bier!"

Letztlich kam der Philosoph zu keinem abschließenden Urteil über Wagners Kunst. Doch veranlasste der Komponist Nietzsche immerhin zu einer Kostprobe seiner prophetischen Gaben, wobei sich dieser als Sachwalter des „No future" erwies: Unter der Überschrift „Eine Musik ohne Zukunft" holt er zum Rundumschlag aus – und kann dabei so etwa mittlere Trefferdichte vorweisen: „Das Zeitalter der nationalen Kriege, des ultramontanen Martyriums, dieser ganze Zwischenakts-Charakter, der den Zuständen Europas jetzt eignet, mag in der Tat einer solchen Kunst wie der Wagners, zu einer plötzlichen Glorie verhelfen, ohne ihr damit Zukunft zu verbürgen. Die Deutschen selber haben keine Zukunft ..."

Wörterbuch der Unhöflichkeit

Die Beschimpfungen, mit denen Wagners Musik von der zeitgenössischen Musikkritik belegt wurde, sind ebenso vielfältig wie teilweise erheiternd, manchmal aber auch erhellend. Wilhelm Tappert, seines Zeichens selber Musikkritiker und Musikpädagoge, stand klar auf der wagnerianischen Seite und stellte 1903 aus den lustigsten Verrissen ein „Wörterbuch der Unhöflichkeit" zusammen. Eine kleine Auswahl finden Sie hier:

„Das Ende aller Musik"
(*National-Zeitung* 1870 anlässlich der „Meistersinger")

„das trostlose Getute"
(*Düsseldorfer Neueste Nachrichten* 1897 zu „Siegfried")

„gesungener und gegeigter Opiumrausch"
(Eduard Hanslick zu „Tristan und Isolde" in seinem Buch „Vom Musikalisch Schönen")

„Jeder Akkord soll etwas Besonderes bedeuten … Hier mündet Wagner im Delirium."
(*Deutsche Musikzeitung* 1861)

„Die Wagnersche Oper führt in die Arena. Sie fordert mit allen daranhängenden Nebenumständen, als: Judenfresserei, Dirigentenvernichtung, Cosima, Wagalaweia, krankhafte Eitelkeit usw. die Satire geradezu heraus."
(*Echo* von 1870)

„Gleich dem Tischrücken, dem Spiritismus, so müssen wir auch das Wagnerfieber zu den geistigen Epidemien zählen."
(*National-Zeitung* 1882)

„dreiaktige Folterbank der Langeweile"
(*National-Zeitung* 1881 über den „Siegfried")

„Kindisches Geplapper und geschmacklose Alliterationen" und „Quark"
(*Allgemeine Musikalische Zeitung* über „Tristan")

„das Muster der plumpsten Pseudopoesie"
(Leo Tolstoi in einer Rezension zum „Ring")

„Wagners Musik hören zu müssen, kommt gleich hinter der Zuchthausstrafe."
(Musikprofessor Richard Wüerst 1867)

Parodien

Sich über Opern und die auf der Bühne zur Schau gestellte Ernsthaftigkeit lustig zu machen, indem man parodistische Zweitversionen bekannter Werke herstellte, war im 19. Jahrhundert nicht ungewöhnlich. Bei einem Künstler wie Wagner, der mit seinem Schaffen nicht selten auch gleich große Fragen der Menschheit und ihrer Erlösung verhandelt wissen wollte, war die Fallhöhe für die Schippe, auf die er genommen werden konnte, natürlich besonders hoch. So verwundert es nicht, dass Wagner zu einem besonders beliebten Ziel von Opernparodien wurde.

Die Autoren derartiger Parodien waren nicht selten selbst gestandene Theatermenschen, so stammen von Johann Nestroy (jeweils mit musikalischer Unterstützung von Carl Binder) die Exemplare „Tannhäuser. Zukunftsposse mit vergangener Musik u. gegenwärtigen Gruppierungen" (1857) sowie „Oper der Zukunft, Lohengrin" (1859). Der erstgenannte Titel bezieht sich seinerseits bereits auf eine humoristische Vorlage, nämlich Hermann Wollheims „Tannhäuser und die Prügelei [später auch: Keilerei] auf der Wartburg; Große sittlich-germanische Operette", die der Mediziner und preußische Parlamentsabgeordnete 1852 für einen Hoftag seiner Studentenverbindung schrieb. Zu deren Personal gehörten unter anderem „Walther von der Viehweide" (in anderen Versionen mit regional angepasstem Adelstitel), beruflich „Referendar und angehender Staatshämorrhoidarius"; „Frau Venus, geb. Schulze, Göttin der Liebe und Inhaberin eines Bairischen Bierkellers im Venusberge"; „Ein Hirt, in Arkadien geboren"; „Ein Pferd, fehlerfrei" sowie „Vier Nymphen. Unter-Nymphen. Landesübliche Ritter".

Kurz nach der Jahrhundertwende entstanden „Die Meistersinger von Ottakring" des auch unter dem Pseudonym „Homunkulus" bekannt gewordenen Kabarettisten und Autors Robert Weil (1905) oder die heute noch vielleicht bekannteste Parodie:

„Die lustigen Nibelungen" mit Text von „Rideamus" (Fritz Oliven) und Musik des Operettenkomponisten Oscar Straus (1904).

Im späteren 20. Jahrhundert versuchte sich wiederum Herbert Rosendorfer sehr erfolgreich in dem Genre, beispielsweise mit „Der gestrandete Holländer" oder „Der ewige Wagner" (in der Wagner selbst auf Erlösung harrt und solange die Musikwelt heimsuchen muss) sowie schließlich „Don Tristano e Donna Isotta". In dieser „Burlesca teatrale leitmotivica" versucht Regisseur „Goldoni", Wagner im Stil der italienischen Oper umzusetzen, zu welchem vergnüglichen Zweck auch der Liebestrank aus klarem Wasser bestehen darf.

Bereits vom Titel, umso mehr jedoch vom inhaltlichen Anspruch her schießt allerdings der Philosoph und Sprachkritiker Fritz Mauthner nach wie vor den weltanschaulichen Vogel ab: Seine Parodie „Der unbewußte Ahasverus oder Das Ding an sich als Wille und Vorstellung. Bühnen-Weh-Festspiel in drei Handlungen" von 1878 tritt dahin, wo es dem Wagnerianer eben „weh" tun sollte.

Magie & Okkultismus

Im späten 19. Jahrhundert – dem Fin-de-Siècle, das sich vielfach als ein Zeitalter des Zu-Ende-Gehens empfand – hatten mystisch getönte Weltsichten Hochkonjunktur. Eine Aufzählung einiger weniger damaliger Strömungen deutet bereits deren weites Spektrum an: Man traf auf Esoterik und Okkultismus, Spiritismus und Satanismus, Kabbalismus, Theosophie, eine Renaissance des Rosenkreuzertums und noch vieles andere. Wagner passte oftmals sehr gut in die Weltanschauung der damaligen Akteure und wirkte anregend auf ihre Produktion.

So war der Besuch von drei „Parsifal"-Vorstellungen das Erweckungserlebnis, nach dem Joséphin Péladan sich zum Magus der Rosenkreuzer berufen fühlte. Zunächst Mitbegründer des Kabbalistischen Rosenkreuzerordens (1888) rief er nach mystischen Meinungsverschiedenheiten 1891 den *Ordre de la Rose-Croix Catholique et esthétique du Temple et du Graal* ins Leben. Neben dem Anbieten von Magierlehrgängen waren Literatur- und Kulturhappenings seine bevorzugten Betätigungsfelder. Immer wieder spielte Wagner hier eine Rolle, wobei der Kontext recht eigenwillig sein konnte. (Ein Beispiel: Im Roman „La Gynandre" werden Lesbierinnen durch Doppelgänger des Magiers Tammuz zur Heterosexualität „bekehrt", unter den Klängen aus „Lohengrin" und „Walküre" beten sie danach einen riesigen Phallus an.)

Die dunkle Seite der Wagner-Macht beschwor dagegen der Autor Marcel Batilliat in seinem Roman „Chair mystique (Das mystische Fleisch)" von 1897. Angeregt von „Tristan und Isolde" wird hier ein todesverliebtes Pärchen beschrieben: die schwindsüchtige Marie-Aline und der Ästhet Yves, der sich in ausgedehnten Liebesakten gezielt bei ihr mit der Tuberkulose ansteckt. Die Beschreibung von Marie-Alines Todeskampf und eines Traums von ihrem verwesenden Körper tragen klar nekrophile Züge.

Um ans Licht zurückzukehren (eingeweiht gesprochen: den Lichtbringer Lucifer einzulassen): Die Begründerin der Theosophie, Helena Blavatsky, wurde 1887/88 unter dem Einfluss ihres behandelnden Arztes William Ashton Ellis zur Wagner-Anhängerin. Erneut ist es vor allem die Grallegende rund um „Parsifal", in der ein Anknüpfungspunkt gesehen wurde. Die Leiterin der in Nachfolge Blavatskys 1898 gegründeten theosophischen *International Brotherhood Organisation*, Katherine Tingley, bestritt ihre Veranstaltungen dann gleich mit Wagner-Musik, um ihre Ideen von der Vereinigung christlicher und buddhistischer Inhalte zu stützen.

Wagners geheimst-erleuchtete Kompatibilität mit verschiedenen internationalen Esoterik-Fraktionen wird durch Zitate von deren Großmeistern weiter enthüllt. Dem Anthroposoph Rudolf Steiner zufolge verkörpern Wagner und seine Werke „eine ungeheure Summe von okkulter Kraft". In einem Gedicht des Okkultisten Aleister Crowley wird der Bayreuther Meister 1901 als „Herr allen Verlangens" und „starker Magier" besungen. Und der Chef-Esoteriker Édouard Schuré identifizierte den „gefallenen Luzifer" Wagner als „den bedeutendsten unbewussten Okkultisten, den es je gab". Mehr an übersinnlicher Kompetenzzuschreibung kann man kaum erwarten!

Helena Blavatsky

Wagner statt Streisand

Eine entspannte und vorurteilsfreie Grundhaltung kennzeichnete das Verhältnis von Wagner zu Homosexualität in seinem Umfeld. Im Aufsatz über das „Kunstwerk der Zukunft" finden sich entsprechend einige unklare, aber keinesfalls abwertende Sätze zur „Männerliebe", und angesichts eines besuchenden Männerpaares riet Richard der diesbezüglich skeptischeren Cosima zu Gelassenheit: „Es ist etwas, wovon ich den Verstand, dafür aber keinen Sinn habe." Umgekehrt zeigten sich kunstsinnige Schwule und Lesben vielfach von Wagners Ästhetik angezogen, so dass die Bayreuther Festspiele wie die ganze Wagnerbewegung verschiedentlich als latent bis offen homosexuell geprägt beschrieben wurden.

Dass eine derartige Verbindung gesehen wurde, nimmt seine Anfänge bereits im engen Verhältnis von Wagner zu seinem Förderer Ludwig II., der als eine Ikone der frühen Schwulenbewegung gilt. Der junge König wird von Wagner in seinen Briefen an ihn beispielsweise als „angebeteter und engelsgleicher Freund" angeredet. Böswillige Bajuwaren zogen Parallelen zur Rolle von Lola Montez im Leben von Ludwigs Großvater Ludwig I. Beim Komponisten wurde überdies aufgrund seiner Vorliebe zu flamboyanter Einkleidung in Samt und Seide ein gewisser Hang zur Androgynie erkannt.

Verfestigt wurde die öffentliche Wahrnehmung eines homosexuell eingefärbten Wagnerianismus durch Aufsätze wie „Bayreuth und die Homosexualität" (1895) von Oskar Panizza (in dem Andeutungen auf die homosexuellen Neigungen von Wagners Sohn Siegfried mitschwangen) oder „Richard Wagner und die Homosexualität" (1903) von Hanns Fuchs (einem Autor aus dem Umfeld von Magnus Hirschfeld, der wiederum sich intensiv mit Fragen schwuler Identität unter Einschluss der Bayreuther Festspiele befasst hatte).

Wagner-Momente wie die Wendung „Amfortas! – Die Wunde!" aus dem „Parsifal" wurden zu bekicherten Codes innerhalb des homosexuellen Publikums. Folgerichtig gaben sich Künstler des 19. und frühen 20. Jahrhunderts einer intensiven Wagnerpflege hin, die mal mehr, mal minder deutliche homosexuelle Untertöne trug. Die Reihe beinhaltet illustre Namen wie die Schriftsteller Paul Verlaine oder Thomas Mann (von Hanno Buddenbrocks Wagnerspiel auf dem Klavier bis hin zum „Tod in Venedig", wo sich ja auch Wagners Schicksal erfüllte). Besonders liebevoll und homoerotik-tauglich strichelten auch Zeichner wie Aubrey Beardsley, Franz Stassen oder Fidus (bürgerlich Hugo Höppener) an Wagnerschen Helden herum.

Siegfried badet im Blut des Drachens

Das heute gepflegte Klischee von einer queeren musikalischen Vorliebe für den Eurovision Song Contest oder bestimmte Schlagerdiven (Marianne Rosenberg! Barbra Streisand!) wäre folglich dringend um die historische Komponente Wagner zu erweitern …

Loriot

Wenn man auf den unbürgerlichen Namen Vicco von Bülow hört und damit dem gleichen mecklenburgischen Geschlecht wie Richard-Dirigent und Cosima-Exmann Hans von Bülow entstammt, ist Indifferenz in Sachen Wagner wohl keine Option. Loriot entschied sich für leidenschaftlichen Pro-Wagnerismus, den er genießend wie nachschaffend voll auslebte.

Die Früchte und Zeugnisse dieser Liebesbeziehung lassen sich nachlesen in dem Büchlein „Loriots kleiner Opernführer". Mag auch Verdi mit zahlenmäßig mehr loriot-typischen Zusammenfassungen seiner Opern darin vertreten sein, das Herz des Humoristen schlägt ohne jeden Zweifel noch stärker für Wagners Werk. Entsprechend widmen sich die darin enthaltenen Texte „Rund um die Oper" vor allem Bayreuth und dem Wagnerismus. In dem dort unter anderem abgedruckten, 1981 für die *Frankfurter Allgemeine Zeitung* ausgefüllten Fragebogen kreist alles um Wagner, vom „Lieblingsschriftsteller" über den „Lieblingsdichter" zur „Lieblingsgestalt in der Geschichte" – alle beginnen Sie mit einem großen „W" (und enden in den genannten Fällen mit „agner"). Selbst die Lieblingsblume ist eine „Wagnolie"!

In einer seltenen Anwandlung von Selbstlob antwortet Loriot hier auf die Frage nach der meistbewunderten Reform: „Der Ring an 1 Abend". Damit bezieht er sich auf ein von ihm ab den 1980er Jahren verfolgtes Projekt, das gesamte 15-stündige Mammutwerk Wagners auf einen einzigen Abend zu kondensieren. Die Uraufführung des Resultats – immerhin immer noch drei Stunden lang – erfolgte 1992 in Mannheim und ist auch auf Tonträger erhältlich. Schade nur, dass die Welt zwar Inszenierungen von Flotows „Martha" oder Webers „Freischütz" in der Regie von Loriot gesehen hat, die besondere Wagner-Beziehung jedoch keinen derartigen Ausdruck finden konnte.

Ausdruckstanz & Lebensreform

Wenn man weiß, wie skeptisch Wagner dem Ballett seiner Zeit gegenüberstand, das er aus seinem Konzept des Musikdramas verbannt hatte, könnte man sich zunächst darüber wundern, dass die Tanzkünstler sich seiner Musik bald mit der größten Begeisterung näherten. Nun, es war eben eine andere Art zu tanzen …

Zu den ersten berühmten Wagner-Interpretationen zählt Loïe Fullers Feuertanz (*Danse de Feu*), den die US-Amerikanerin um die Jahrhundertwende in Paris unter Einsatz farbiger Lichteffekte und wehender Gewänder aufführte. Die Musik zu jenem multimedialen Spektakel lieferte Wagners ekstatisch vorgetragener „Walkürenritt". Auch der sozusagen technikfreie Gegenentwurf zu Fuller mit „Zurück-zur-Natur"-Appeal, die ebenfalls aus den USA stammende Isadora Duncan, hatte es mit Wagner: Sie, die üblicherweise barfuß und mit einer Tunika bekleidet tanzte, wurde von Siegfried Wagner zu den Bayreuther Festspielen 1904 eingeladen, um das Bacchanal im Venusberg des „Tannhäuser" zu choreographieren und als Erste Grazie aufzutreten. Auch wenn die Reaktionen eher gemischt ausfielen, gehörten Wagner-Werke spätestens seitdem zu ihrem Repertoire.

Über Duncans Bruder Raymond erfolgte die Berührung dieser Schule des *Dance of the Future*, den Isadora 1903 beschrieben hatte, mit dem Grünen Hügel der Lebensreformer, der Gemeinschaft am Monte Verità bei Ascona. Gusto Gräser, der transsilvanische Mitbegründer der Kommune, ließ sich von Raymond in die Anfänge des Tanzes unterweisen und führte bei Mondschein derwischartige Tänze auf, die von den dörflichen Anwohnern aus gegebenem Anlass mit dem Namen *balabiott* belegt wurden, was sich aus den Wörtern „ballare" (tanzen) und „biot" (nackt) herleitet.

Die Aussteiger des Monte Verità erfüllten gleich eine Reihe von reformerischen Kriterien: Die Ernährung war zunächst vegan, etwas später vegetarisch, man baute sich einfache Hütten als Unterkunft und kleidete sich – wenn überhaupt – in einfachste Gewänder. Nudismus war hier ebenso verbreitet wie anarchistisch oder kommunistisch angehauchtes Gedankengut von Güterteilung.

Wagner passte hier irgendwie rein, es gab auch einen „Walkürenfels" und eine „Parsifalwiese". Auf letzterer fanden dann auch die Sommerkurse für Tanz statt, die der Tanzreformer Rudolf von Laban ab 1913 veranstaltete, wobei die spätere Ikone

des Ausdruckstanzes Mary Wigmann zu seinen Assistentinnen gehörte. Hiermit wurde der Monte Verità zu einem Zentrum dieser Bewegungs-Bewegung – wichtig waren frische Luft, leichte oder keine Bekleidung und karge klangliche Untermalung (nur Trommelschläge oder ohne Musik).

Und damit der Kreis sich wieder schließt: Laban führte Wagner in seinen Programmen auf, etwa 1925 mit Szenen aus „Tristan", „Parsifal" und dem „Ring". Nachdem seine Choreographie des Tannhäuser-Bacchanals an der Mannheimer Oper 1921 für Furore gesorgt hatte, übernahm er dieser Aufgabe auch bei den Bayreuther Festspielen 1930 – wie Duncan 26 Jahre früher.

Nazis

Bereits vor 1933 waren nationalistische Tendenzen im Bayreuth-Publikum immer klarer zutage getreten. Den unrühmlichen Höhepunkt der Wiederaufnahme der Festspiele bildete die „Meistersinger"-Aufführung, nach deren Finale sich das Publikum – unter ihnen auch Erich Ludendorff, zu dessen Ehre man die schwarz-weiß-rote kaiserliche Flagge gehisst hatte – bemüßigt sah, das Deutschlandlied anzustimmen (und zwar bestimmt nicht erst beginnend mit der dritten Strophe).

Siegfried Wagner verbat sich derartige Kundgebungen und versuchte, jüdische wie internationale Wagnerianer zu besänftigen, um weiterhin ein möglichst großes Publikum zu binden. Doch waren die Sympathien der Wagners für die völkische Rechte nicht zu verhehlen: Siegfrieds Schwester Eva war verheiratet mit dem Arier-Ideologen Houston Stewart Chamberlain, der auch zunehmenden Einfluss auf Siegfrieds Frau Winifred gewann. Adolf Hitler, den die Wagners bereits während seiner Festungshaft mit Geschenken erfreut hatten und für den als Person sich Winifred zeitlebens begeistern konnte, trug sich 1925 in die Bayreuther Gästelisten ein. Als Winifred ihrerseits nach dem Tod Siegfrieds 1930 auf sich allein gestellt war und die Bayreuther Finanzlage zunehmend klamm wurde, sprang der nunmehrige Reichskanzler den angeschlagenen Festspielen subventionierend zur Seite. Danach war endgültig der Schulterschluss mit den Nazis vollzogen: Hitler ging im Hause Wagner ein und aus, Wagners Musik trug ihrerseits zum Soundtrack des Tausendjährigen Reichs nicht unwesentlich bei. Zu den meistgespielten Kompositionen gehörten dabei die eher weniger komplexen Stücke wie die Ouvertüre zu „Rienzi", die zur Eröffnung der Reichsparteitage erklang, und Ausschnitte aus den „Meistersingern". Dagegen wurde der „Parsifal" mit Kriegsbeginn in Deutschland mit Aufführungsverbot belegt, da es wohl vorbei sein sollte mit dem Mitleid.

Adolf HItler im Gespraech mit Winifred Wagner und Joseph Goebbels, Eröffnungsvorstellung des „Parsifal" in Bayreuth am 23.7.1937

Man sollte ergänzen, dass auch andere tote Komponisten vom Nationalsozialismus für sich reklamiert wurden: Die Fanfaren aus „Les Préludes" des ungarischen Kosmopoliten Franz Liszt schmetterten die Nazi-Wochenschau ein; und die Büste des erzkatholischen Anton Bruckner, der keiner Fliege etwas zuleide tun konnte, wurde trotzdem von Hitler 1937 in der Walhalla enthüllt. Andererseits wurde Hitlers Wagnerismus auch keineswegs von allen NS-Oberen geteilt. So weiß man von Goebbels, dass er populäre Musik für deutlich besser geeignet hielt, die kämpfende Truppe bei Laune zu halten, und auch privat eine große Affinität zu jazzigen Schlagern hatte.

Aber Wagner bot mit seinem Antisemitismus natürlich eine große Anknüpfungsfläche für rassistische Ideologien und wurde in Deutschland wie im Ausland bald als Chiffre für ein nationalsozialistisches Kunstideal verstanden.

Reichsparteitag der NSDAP in Nürnberg 1938:
Festauffuehrung der „Meistersinger" im Opernhaus

Ganze Regale voller Literatur über das Verhältnis der NS-Zeit zu Wagner finden sich zusammengefasst in jenem Bonmot aus Woody Allens Film „Manhattan Murder Mystery" (1993): Die Hauptfigur Larry Lipton kann keinen Wagner mehr hören, weil das in ihm den Drang erweckt, in Polen einzumarschieren! ("I just can't listen to any more Wagner, ya know ... I'm starting to get the urge to conquer Poland.")

Künstlervorbild

Wenn es je einen Schriftsteller gab, der ohne seinen Bezug zu Richard Wagner nicht angemessen verstanden werden kann, so ist es Thomas Mann.

Ja noch mehr: Wagner ist für Mann das Künstlervorbild überhaupt, „auf den ich mich am besten verstehe und in dessen Schatten ich lebe", wie er 1920 bekannte. Starkes Statement: nicht Goethe, auch nicht Tolstoi – sondern Wagner ist es, der den Literaturnobelpreisträger am meisten bewegt.

Diese Faszination hatte früh eingesetzt und hielt ein Leben lang an. Wagner-Anspielungen finden sich bereits in seinem epochalen Romanerstling „Buddenbrooks", richtig explizit wurde die Anknüpfung aber in der Novelle „Wälsungenblut": Geschrieben 1906, aus Gründen des Takts (weil man darin eventuell Hinweise auf seine Frau Katia und ihren Bruder Klaus Pringsheim vermuten könnte) veröffentlicht erst 1921, wurde darin der skandalöseste Aspekt der „Walküre" thematisiert – die inzestuöse Liebe zwischen Siegmund und Sieglinde.

Als jemand, der seinen Wagner vollkommen durchdrungen hatte, sah Mann sich dazu berufen, auch das zu thematisieren und erklären, was andere kritisch sahen. So verteidigt er den Dichter Wagner vehement, da die Musik ohne die Inspiration der Dichtung undenkbar sei. Über die „Walküre" bemerkt Mann noch 1947 anerkennend: „Vorzüglich gebautes Drama." Und er schreckte nicht einmal davor zurück, einem Laienpublikum den Sinn des Stabreims näher bringen zu wollen!

Das andere heikle Feld, auf das sich Mann begab, war Wagners Verhältnis zum Nationalismus, sowohl in Bezug auf dessen eigene Haltung als auch auf die unheilvolle Verquickung mit dem Nationalsozialismus. Für Wagner selbst diagnostiziert Mann schon in den 1918 erschienenen „Betrachtungen eines Unpolitischen" ein gleichzeitig „wahr und mächtig" auftretendes

wie theatertypisch überzogenes „Deutschtum", das er als „modern gebrochen und zersetzt, dekorativ" beschreibt: Wagners Kunst sei „die sensationellste Selbstdarstellung und Selbstkritik deutschen Wesens" – gerade damit errege sie internationales Interesse.

Als Mann in einem 1933 gedruckten Vortrag über „Leiden und Größe Richard Wagners" exakt die gleichen Formulierungen brachte, hatte sich der Zeitgeist gewandelt: In einem „Protest der Richard-Wagner-Stadt München" wüteten Kulturgrößen aus Manns Wahlheimatstadt (Mitunterzeichner waren z. B. Richard Strauss und Hans Pfitzner) gegen seine vermeintlich vaterlandlose Position. Die hier vollzogene „Ausstoßung" traf Mann tief.

In einer Stellungnahme von 1945 erinnert er sich an die darauffolgende „analphabetische und mörderische Radio- und Pressehetze gegen meinen Wagner-Aufsatz". Für Mann war klar, dass „zwischen der Wagner'schen Sphäre und dem nationalsozialistischen Unheil" unbestreitbare, auch inhaltlich fundierte Beziehungen bestanden. Sein Fazit im Jahr 1950: „es ist viel ‚Hitler' in Wagner". Seine Liebe zu und Hochachtung von Wagners künstlerischem Schaffen konnte das nicht zerstören.

Schriftsteller Thomas Mann im Jahr 1955

Die Herren der Ringe

Dass sich Wagner und andere mit der Mythologie beschäftigten, kann als typischer Ausdruck der Zeit der Romantik verstanden werden. Eines der bekanntesten späteren entsprechenden Projekte stammt von John R.R. Tolkien, der mit „Der Herr der Ringe" (veröffentlicht 1954/55) wie Wagner Motive aus der „Völsunga saga" und dem „Nibelungenlied" aufgriff.

Auf die dadurch resultierenden Parallelen angesprochen, reagierte Tolkien jedoch klar ablehnend: „Beide Ringe waren rund, und hier endet die Gemeinsamkeit." Nun leuchtet aus verschiedenen Gründen ein, dass der Autor einen solchen Vergleich ablehnt, denn zum einen schmälert dieser ja sein eigenes Dazutun, zum anderen war Wagner rund um den Zweiten Weltkrieg und den von den Nazis betriebenen Wagner-Kult im Vereinigten Königreich auch nicht das populärste aller denkbaren Vorbilder.

Nichtsdestotrotz hat sich hier ein (kleiner, aber internationaler) Forscherkreis etabliert, der es nicht bei Tolkiens Selbstauskunft belassen möchte. Und in der Tat ist es mit dem Umstand der Rundheit der beiden weltherrschaftlichen Schmuckstücke nicht getan, wenn man ein bisschen nachbohrt. So wurde beispielsweise der Figur des Gandalf eine ähnliche Funktion und Vorgehensweise zugeschrieben wie Wagners Wotan.

In einer FAQ-Sammlung für Tolkien-Nerds (abrufbar auf oakroadsystems.com) geht Stan Brown der Frage der Vergleichbarkeit des Einen mit des Nibelungen Ring nach und registriert immerhin fünf Analogien: Sowohl Saurons als auch Alberichs Ring

- können ihre Träger zum Herren der Welt machen,
- bringen ihren Trägern aber auch Unglück,
- sind mit Mordgeschichten unter engen Vertrauten verbunden (Fafner/Fasolt bzw. Sméagol/Déagol),
- treiben durch den Willen von Wotan bzw. Sauron, das Kleinod zurückzugewinnen, die Geschichte an,
- haben als Ende ihrer Erzählung eine Zerstörung durch Feuer (mit Siegfried und den Göttern in Walhall hier, Gollum dort als Opfer der Flammen), wonach die Menschen die Weltherrschaft übernehmen (die Götter bzw. Elben verlassen hingegen den Ort der Handlung).

Auch wenn Tolkien also Wagners Version der germanischen Mythen offenbar wenig abgewinnen konnte, bewegte er sich doch auf vergleichbarem Terrain. Umgekehrt können sich auffällig viele Fantasy-Fans für Wagners „Ring" erwärmen, oftmals allerdings eher für die erzählte Geschichte als die Musik. Doch sei angemerkt: Wenn Wagner auch Riesen, Zwerge und Drachen aufbietet – was bei ihm definitiv fehlt, sind Orks!

Promi-Parade

Heute sind die Bayreuther Festspiele ein fester Termin im kulturellen Jahreskalender – und ein gern besuchtes Event. Doch der Wiedereinstieg in den Festspielbetrieb nach dem Zweiten Weltkrieg (erst 1951!) verlief sehr schwierig.

Dafür gibt es finanzielle Gründe, die durch die 1949 ins Leben gerufene Gesellschaft der Freunde von Bayreuth gelöst wurden. Mindestens ebenso entscheidend war aber der ideologische Ballast, der sich aus der unseligen Verquickung der Festspiele mit dem Nationalsozialismus ergab: Wenn Bayreuths Reputation nach 1945 laut dem Literaturwissenschaftler Hans Mayer „unter Null" lag, so lag es auch an der umstrittenen Leitung Winifreds.

Mit der 1951 installierten Doppelspitze der Enkel Wolfgang und Wieland Wagner (Alliterationen wähnten Wagners wohl weiterhin wonniglich) konnte ein Neubeginn markiert werden. Insbesondere Wielands der Moderne verpflichtete Inszenierungen trugen zur künstlerischen Rehabilitation bei. Nach seinem Tod 1966 verblieb Wolfgang alleiniger Leiter (bis 2008, also insgesamt 57 Jahre!). Die stürmischen darauffolgenden Ereignisse detailliert zu schildern, würde den Rahmen sprengen – die innerfamiliären Spannungen wurden sogar in der Regenbogenpresse diskutiert. Als Ergebnis wurde jedenfalls Katharina Wagner zunächst im Duett mit Eva Wagner-Pasquier, seit 2016 schließlich solistische Festspielleitung.

Der heutige Festspielbetrieb zeichnet sich bekanntlich durch eine erhöhte Promidichte aus – Showgeschäftsgrößen wie Thomas Gottschalk oder Uschi Glas begegnen hier der großen Politik, einen Medienbericht wert schien etwa das blaue Kleiderensemble der mehrfachen Bayreuth-Besucherin Angela Merkel. Dagegen war eine Festspielteilnahme für führende Politiker in

der Nachkriegszeit noch vermintes Gelände: Kanzler Adenauer sagte seine Teilnahme 1951 ebenso ab wie Bundespräsident Heuss.

So waren es erst die späteren Bundespräsidenten wie Karl Carstens oder Richard von Weizsäcker, die auf dem Grünen Hügel fotografiert wurden. Von den Bundeskanzlern fehlten hier noch die Helmuts Schmidt und Kohl, erst Gerhard Schröder, dem man das intuitiv eher nicht zugeschrieben hätte, ließ sich 2003 bei den Festspielen blicken. (Ludwig Erhard war aber vor seiner Kanzlerschaft dort, z. B. 1960 als Wirtschaftsminister.) Der Schatten des politischen Phänomens Wagner legte sich also lange Zeit negativ auf die Festspiele – und zeigt erneut den Grad der Polarisierung, den dieser Künstler zu bewirken vermochte.

Politiker, Sportler, Schauspieler und Royals – das illustre Publikum gehört heute zu den Bayreuther Festspielen und ist beliebtes Fotomotiv für die Presse.

Filmreif

Richard Wagner und seine opulente, oft suggestive Musik haben in verschiedener Hinsicht Filme bereichert. Die Möglichkeiten sind vielfältig:

1) Die illustre Biografie selbst gibt bereits einen Filmstoff her – ein frühes Beispiel ist „Richard Wagner" von Carl Froelich aus dem Jahr 1913, „Magic Fire" von 1954/55 behandelt den Sonderaspekt, den sein deutscher Titel „Frauen um Richard Wagner" erkennen lässt.

2) Man kann natürlich die Opern und ihre saftigen Inhalte verfilmen, mal mehr, mal weniger genau ans Original angelehnt bis hin zum Abfilmen von Bühneninszenierungen – erwähnt seien hier nur „Tannhäuser" von Lucius J. Henderson (1913), der Hans-Sachs-Film „Der Meister von Nürnberg" (1927) oder Hans-Jürgen Syberbergs „Parsifal" (1982), wobei bei den frühen Stummfilmen die Musik anderweitig zugespielt werden musste.

3) Ausschnitte aus Wagner-Partituren dienen als Soundtrack für bestimmte Abschnitte in den Filmen – die am weitesten verbreitete Möglichkeit, von der jetzt kurz die Rede sein soll.

In seiner Einprägsamkeit kaum zu überbieten und wohl am bekanntesten ist der Einsatz des „Walkürenritts" in Francis Ford Coppolas „Apocalypse Now" (1979), der einer Einheit der Helikopter-Kavallerie bei ihren Angriffseinsätzen im Vietnamkrieg zur martialischen Untermalung dient. Ikonisch wurde hier auch das dem zuständigen Lieutenant Colonel Bill Kilgore in den Mund gelegte Zitat: „I love the smell of napalm in the morning." Er hatte aber auch für seine Wagner-Wahl eine eingängige Erklärung: „Yeah, I use Wagner. It scares the hell out of the slopes. My boys love it." Diese Passagen wurden zum Gegenstand musik- und filmwissenschaftlicher Forschungen.

Daneben spielen auch andere Zuschreibungen vielfach eine Rolle. Durchaus positiv gemeint war der rassistische Beigeschmack, den D.W. Griffith in „The Birth of a Nation" 1915 dem Sturm der Ku-Klux-Clansmen verlieh, die sich unter „Walküren"-Beschallung „ihre Stadt zurückholen".

Ins Lächerliche gezogen werden hingegen die Nazis, die bei ihrer Auto-Verfolgungsjagd auf die „Blues Brothers" 1980 durch Wagners berittene Sturmtruppen begleitet werden. Überhaupt ist eines der Klischees in Hollywoodfilmen der Kriegs- und Nachkriegszeit, dass Nazis gerne Wagner hören. Die Trennschärfe hat sich mittlerweile dahingehend soweit aufgelöst, dass heute Filmböse generell dahin tendieren, sich mit klassischer Musik zu unterhalten.

Wagners filmreife Aura beschränkt sich jedoch nicht auf reitende Walküren. Zu den eindrücklicheren Beispielen von wagnerscher Filmbegleitung gehören Chaplins Tanz mit der Weltkugel als „Großer Diktator", der vom „Lohengrin"-Vorspiel und dessen von Nietzsche attestierter „opiatischer, narkotischer Wirkung" inspiriert wird, oder auch Lars von Triers Film „Melancholia", bei dem „Tristan" den passenden Weltschmerz verströmen soll.

Bugs Wagner und die Puppenkiste

Comics sind ja längst kein rein unterhaltendes Genre mehr, und so wurde 2013 von Andreas Völlinger und Flavia Scuderi auch eine Wagner-Biografie in Form einer Graphic Novel veröffentlicht. Wer nun aber meint, Wagner und seine Musik seien vielleicht für lustige Comic Strips ein eher ungeeigneter Gegenstand, kann sich durch den bereits 1957 erschienenen Bugs-Bunny-Film „What's Opera, Doc?" eines Besseren belehren lassen.

Einmal mehr bildet die Konstellation des unermüdlich-erfolglosen Jägers Elmer Fudd und seines notorisch unterlegten Hasenopponenten Bugs den Rahmen der haarsträubenden Handlung, in der es gehörig wagnert: Musikalische Kennmarken des 7-minütigen Kurzfilms von Chuck Jones liefern vor allem „Die Walküre"

und „Siegfried" aus dem „Ring", weshalb das kleine Musical auf Deutsch auch als „Der Ring der Niegelungen" kursiert. Die englische Textunterlegung des „Walkürenritts" als Jagdlied „Kill the Wabbit" (für Novizen: bei Elmer kommen R und L immer als amerikanisches W heraus) war so markant, dass bis heute manche ernsthaft-heiter reklamieren, dies sei der Originaltext.

Man darf hier Bugs unter anderem in klassischem Cross-Dressing als Brünnhilde bewundern – mit Busenpanzer, blondem Zopf, violettem Tutu und im Damensitz einen dicken Schimmel mit violetter Mähne reitend – wozu Musik aus dem „Tannhäuser" erklingt: Abschnitte aus „Pilgerchor" bzw. „Ouvertüre" werden mit dem prägnanten Text „O Bwünnhilde, you'w so wuvwy" unterlegt. Damit aber noch nicht genug: Neben Siegfrieds Hornsignal erscheinen weitere Zitate aus dem „Holländer" (Sturmszene), „Rienzi" („Ouvertüre") sowie erneut „Tannhäuser" (Bacchanal). Letzteres begleitet einen umwerfenden Pas-de-deux von Elmer und Bugs, eine Leistung, die umso höher zu bewerten ist, als beide ihre Wikinger-Helme währenddessen nicht abnehmen …

So viel populärkulturelle Aneignung konnte nicht ohne Konsequenzen bleiben, und so ist es natürlich kein Zufall, dass die Simpsons sich ebenfalls als Wagnerianer versuchten: Unter den zwölf 1993 in „Simpsons Illustrated" gelisteten „Simpsons Albums You'll Never See" findet sich nur ein einziger Klassiktitel: „The Simpsons Sing Richard Wagner's Greatest Hits". Es spielt das Springfield Pops Orchestra unter der Leitung von Mr. Largo, auf dem Cover tragen die Simpsons mit Brustpanzern und Hörnerhelmen das einzig angemessene Outfit für diese anspruchsvolle Aufgabe.

Doch nicht nur mit Strich, sondern auch am Faden findet Wagner ein neues Publikum. Für die Augsburger Puppenkiste entwickelte Regisseur und Puppenbauer Florian Moch 2018 eine auf zwei Stunden komprimierte Fassung des „Ring" (und war damit nicht der erste seiner Zunft, der sich am monumentalen Gegenstand versuchte). Statt gesungen wird hier allerdings zur Musik

gesprochen – etwa von Bela B von den „Ärzten" als Fafner oder der Münsteraner Tatort-Staatsanwältin Mechthild Großmann als Erdgöttin Erda –, und auch die Musik wurde unter Verwendung von Wagner-Material neu gesetzt vom Filmkomponisten Enjott Schneider. Die bezaubernden Figuren und eine farbenfrohe Inszenierung machen verständlich, warum sich bereits Wagner für das Figurentheater begeistern konnte.

Der Erfinder des Heavy Metal

Mit Heavy Metal würden wohl die Wenigsten Richard Wagner in Verbindung bringen. Anders Joey DeMaio, Gründer und Mastermind der 1980 gegründeten True-Metal-Band Manowar.

Er hat es in verschiedenen Interviews verkündet: „Richard Wagner hat den Heavy Metal erfunden!" Grundlage dieser steilen These sind einige nachvollziehbare Beobachtungen: „Er wollte mehr Power in die klassische Musik bringen", und er hat „die Leute dazu gebracht, auf Ambosse einzudreschen". Darüber hinaus teilt DeMaio mit Wagner auch die Vorliebe für die nordische Mythologie.

Im Detail ergeben sich jedoch kleinere Unterschiede in der Herangehensweise von Wagner und Manowar. In Bezug auf das nordische Element verläuft die von der Band ausgeprägte metallische Assoziationskette ungefähr so: „Kampf – Blut – Tod – Ruhm – Weiterleben in Walhall – Asgards Nordische Gottheiten". Dies war, um es vorsichtig zu formulieren, nun nicht ganz genau die Denkbewegung, die für Wagners Rezeption der „Edda" die prägendste Rolle spielte. Und auch von der musikalischen Anlage her streben Manowar bewusst nicht den Wagnerschen Komplexitätsgrad an. Dann bleibt unter dem Strich außer einigen wagnerisch gemeinten Orgel-Intros, der Vorliebe für üppigen Sound und „irgendwas mit Odin" eigentlich nicht viel an Gemeinsamkeit übrig. Das ficht DeMaio aber nicht an: Die von ihm betriebenen Produktionsstudios verfolgen unter den Namen „Valhalla Studios" oder gleich „Haus Wahnfried" weiter die Wagner-Spur.

Sich über Bagatell-Divergenzen zwischen Richard und Joey auszulassen, würde auch den eigentlichen Punkt der unerwarteten Wahlverwandtschaft verfehlen: Es geht DeMaio wohl um das Verursachen einer gezielten Irritation der Erwartungshaltung, die man auf seine, einem eher dumpfbackigen Metal verpflichtete Band richtet. Und dass das funktioniert, beweisen ja diese Zeilen …

Für Kinder

Zu den interessanten Facetten der Erziehung gehört es, dass Eltern ihrem Nachwuchs bestimmte Dinge nahebringen möchten, deren Kindgemäßheit sich nicht intuitiv erschließt. So verhält es sich auch mit Wagner, denn stundenlange Musikdramen sind ja schon unter Erwachsenen nicht jedermanns Sache.

In der Regel wird das dann so gemacht, dass man die Länge drastisch kürzt, die Musik vereinfacht und die Handlung entschärft – also eigentlich alles wegnimmt, weswegen Wagner-Liebhaber später einmal gerne in diese Opern gehen. Immerhin sind die Stoffe märchenartig genug – samt illustrem Personal zwischen Rittern und Drachen –, und so sahen Verleger offenbar bereits früh einen Markt für Adaptationen für junge Konsumenten.

Die amerikanische Autorin Anna Alice Chapin veröffentlichte 1898 ihre „Wonder Tales from Wagner", in denen auch der „Tristan" vorkommt – bei dem man in der Liebesnacht allerdings nicht über einschlägige Beteuerungen hinausgeht. Noch zurückhaltender wird die Beziehung von Siegmund und Sieglinde wiedergegeben – diese inzestuöse Beziehung wird aus guten Gründen in den meisten vorliegenden Kinderversionen irgendwie umgeschrieben. Dies trifft analog auch für den blutrünstigen Schluss der „Götterdämmerung" zu, wenn in den „Opera Stories from Wagner: A Reader for Primary Grades" (1915) der ehemaligen Lehrerin Florence Akin Siegfrieds Tod und der nachfolgende Selbstmord Brünnhildes einfach mal nicht stattfinden.

„Der Ring des Nibelungen" hat es den Verlagen bis heute besonders angetan. In Zusammenarbeit mit dem Amor Verlag erscheint die Edition „Große Oper für kleine Hörer" der Wochenzeitschrift DIE ZEIT, in der neben dem „Ring" auch noch andere Wagner-Stoffe kindgemäß bearbeitet wurden. Elegant die im Begleittext mitgeteilte Beschreibung des Verhältnisses von Siegmund und Sieglinde: Diese erkennen im Laufe der Handlung,

Richard Wagners „Ring des Nibelungen" in einer Fassung für Kinder in der Musikalischen Komödie in Leipzig, aufgenommen am 23.01.2013

„dass sie eigentlich Geschwister sind, und verlieben sich auch noch ineinander." Das ist an Lakonie kaum zu überbieten ...

Andernorts wird das Potenzial für „Ring"-Merchandising noch weiter ausgereizt. So enthält die offenbar immer noch lieferbare Version „Wagners Nibelungenring für Kinder" des Belvedere-Verlags (2007) eine „DVD mit Booklet für Kinder mit Abenteuerspiel, Faltanleitung für einen Drachen, Rezept für Drachenkämpfer-Power-Getränk und Ausschneidebogen".

International

Die enorme kulturgeschichtliche Bedeutung Wagners lässt sich aus den Bewegungen ersehen, die sich in verschiedenen Ländern mit jeweils unterschiedlicher Pointierung auf ihn berufen haben.

Im Wortsinne naheliegend ist es, dass sich im deutschsprachigen Raum eine starke Strömung von Wagnerianern bildete, die Nietzsche zufolge die Kunst des Meisters quasi gekapert hatten. Die Parteienkämpfe, die sich beispielsweise in der Musikstadt Wien abspielten, sind selbst legendär geworden: Hier die (meist jüngeren) Wagnerianer wie Hugo Wolf, dort die „Brahminen", geschart um den Kritikerfürsten Eduard Hanslick, die eben Brahms zu ihrem eher konservativ aufgefassten Idol gemacht hatten. Dass es aber gar nicht primär nur um die Musik gehen musste, beweist der nicht minder intensive französische *Wagnérisme*, der vor allem von Schriftstellern getragen war. Ausgehend von Literaten wie Charles Baudelaire, Paul Verlaine oder Stéphane Mallarmé wurde Wagner zur Ikone der Moderne im Sinne der Bewegung der *Décadence* stilisiert. Da spielten Künstler anderer Disziplinen eher die zweite Geige, aber es gab auch Musiker wie Camille Saint-Saëns und Vincent d'Indy oder Maler wie Henri Fantin-Latour, Paul Cézanne und Edouard Manet, die sich zur wagnerianischen Partei bekannten. Der künstlerische Börsenkurs Wagners erfuhr in Frankreich nach dem Krieg von 1870/71 gewisse Einbußen, so dass manche (wie Saint-Saëns) ihre Position nochmals überdachten und das Ästhetische unter dem Einfluss des Politischen umformulierten – was andere von vornherein gar nicht zusammendenken wollten.

Mit dem *Wagnerism* in England verhält es sich nochmals anders. Das erste persönliche Treffen von Wagner und Königin Victoria (bei dem sie sich nach dem Befinden von Hund und Papagei erkundigte) verlief 1855 offenbar eher holprig. Doch gab es in der königlichen Familie einige enthusiastischere Wagnerianer wie den Prince of Wales, bei dessen Krönung zum König Edward VII. 1902 vor und nach der Zeremonie in Westminster Abbey Wagner erklang.

Den eigentlichen Durchbruch im viktorianischen Kulturleben hatte der Komponist bereits während der 1870er Jahre gefeiert, als drei seiner Opern in London gegeben wurden und Wagner selbst 1877 mit acht Konzerten in der Royal Albert Hall das bei den ersten Bayreuther Festspielen entstandene Defizit auszugleichen suchte. Als anschlussfähig erwies sich vor allem seine Beschäftigung mit der Sagenwelt, die auf eine Welle britischer Artus-Begeisterung stieß (nur kurz wurde darüber diskutiert, wer denn nun das Patent auf Gral und feststeckende Schwerter habe).

Eine eigene frühe Wagnerismus-Tradition findet sich in den USA, wo das Orchester der Germania Musical Society – zusammengesetzt aus geflüchteten deutschen Revolutionären, sozusagen „Alt-1848er" – in den 1850er Jahren mit „Wagner Nights" auf Tournee ging. Der Dirigent Theodore Thomas begann ab den 1860er Jahren seine Karriere maßgeblich auf Wagner-Interpretationen aufzubauen und beauftragte den Komponisten 1876 auch mit einer Ouvertüre zum 100-jährigen Jubiläum des amerikanischen Unabhängigkeitstages. Als die Metropolitan Opera in New York 1884 in finanzielle Schwierigkeiten geriet, beschloss man aufgrund des Erfolges der Wagner-Konzertreihen von Thomas, das Repertoire von italienischen auf deutsche Werke umzustellen. Mit den Dirigenten Leopold Damrosch und Arthur Seidl dominierte Wagner daraufhin bis in die 1890er Jahre das Programm.

Erste internationale Aufführungen des „Parsifal" fanden 1903 an der Met (unter Bruch der Urheberrechtsbestimmungen – Cosima schrieb Präsident Roosevelt persönlich an, jedoch vergebens) – sowie (jetzt legal) 1913 in Barcelona statt. Dort war Wagner für die Bewegung des katalanischen *Modernisme* in vielerlei Hinsicht zum Vorbild geworden. Auch im Verdi-Land Italien gab es eine Wagner-Bewegung. Sogar einige Bolschewiki konnten mit Wagner etwas anfangen: Stilprägend wurden die Wagner-Inszenierungen des bolschewistischen Theatermachers Wsewolod Meyerhold. Lenin war regelmäßiger Besucher von Wagner-Opern, zu seiner Beerdigung ließ der maßgebliche Ästhetiker der frühen Sowjetzeit, der Volkskommissar für Bildung Anatoli Lunatscharski, „Siegfrieds Trauermarsch" spielen. Und als Wagner unter Stalin nach dem Aufführungsverbot zwischen 1933 und 1939 – erst der Hitler-Stalin-Nichtangriffspakt hob dies zeitweise wieder auf – wieder gespielt werden durfte, setzte Sergei Eisensteins Inszenierung der „Walküre" von 1940 neue Maßstäbe.

Das Gebiet ist damit aber immer noch nicht erschöpfend beschrieben, denn Wagnerismus als handfeste ästhetische Positionierung gibt es ja immer noch – wenngleich natürlich in anderer Form als vor 120 Jahren. Ein schönes Beispiel stellen die Zusammenkünfte von lokalen Wagner-Enthusiasten dar, die vielfach in Wagner-Gesellschaften organisiert sind (und von denen es Ableger bis nach Venezuela oder Singapur gibt).

Die von mir für ihren Mut bewunderte Musikwissenschaftlerin Gesa zur Nieden setzte sich feldforschend dem dort betriebenen Wagner-Kult aus. Sie nahm unter ethnographischer Perspektive an Wagner-Abenden teil und berichtet von Veranstaltungen, in deren erster Hälfte sich die Gäste mit verteilten Rollen Wagner-Libretti vorlesen, um in der zweiten Hälfte Tonaufnahmen von Musikdramen mit ihrem Dirigat zu interpretieren. Das ist aber vielleicht weniger schlimm, als es sich anhört: Wenn Nietzsche meinte, Wagner in gewisser Weise als „Dilettanten" identifizieren zu können, so scheint es nur folgerichtig, dass auch die Wagnerianer sich dem Dilettieren hingeben …

Das Quiz für echte Wagnerianer

1. Wagner ließ sich für seine Opernlibretti von Sagenstoffen und literarischen Vorlagen inspirieren. Bei welchem der folgenden Dichter hat er jedoch keine bekannten Anleihen genommen?

a) William Shakespeare
b) Johann Wolfgang von Goethe
c) Edward Bulwer-Lytton
d) Heinrich Heine

2. Wer war nicht Mitkämpfer Wagners beim Dresdner Maiaufstand 1849?

a) Der Anarchist Michail Bakunin
b) Der Musiker August Röckel
c) Der Philosoph Karl Marx
d) Der Architekt Gottfried Semper

3. Der eher ballettfeindliche Wagner schrieb für eine Oper dennoch eine entsprechende Nummer, die später u. a. von Isadora Duncan für Bayreuth choreographiert werden sollte, nämlich für:

a) Tannhäuser
b) Lohengrin
c) Die Walküre
d) Parsifal

4. Welcher von Wagners Hunden nahm laut dem Komponisten eine Rolle bei der Entstehung der „Meistersinger von Nürnberg" ein?

a) Robber
b) Leo
c) Russ
d) Putz

5. Zu welchem Anlass schrieb Wagner einen Festmarsch?

a) 25 Jahre Bürgerlich-demokratische Revolution in Dresden
b) 50 Jahre Völkerschlacht in Leipzig
c) 75 Jahre Französische Revolution
d) 100 Jahre Unabhängigkeitserklärung Vereinigte Staaten von Amerika

6. Welche der hier aufgeführten, von Wagner verehrten Frauen war zum Zeitpunkt des Kennenlernens nicht anderweitig verheiratet?

a) Jessie Laussot
b) Mathilde von Wesendonck
c) Judith Gautier
d) Carrie Pringle

7. Das Vorspiel zu „Die Meistersinger von Nürnberg" wurde laut Wagner inspiriert durch welchen Fluss?

a) Rhein
b) Main
c) Donau
d) Pegnitz

8. Die ersten Festspiele in Bayreuth fanden 1876 statt. In welchem Jahr folgten dort die zweiten Festspiele?

a) 1878
b) 1880
c) 1882
d) 1883

9. Welche der folgenden Eigenschaften teilen die prominenten Ringe bei Wagner (der Ring des Nibelungen Alberich) und Tolkien (der Eine Ring des Sauron) nicht?

a) Sie sind rund
b) Sie wurden aus Gold geschmiedet, das Flusstöchtern gestohlen worden war
c) Sie können ihre Träger zum Herren der Welt machen
d) Sie werden am Ende durch Feuer zerstört

10. Nach einer juristischen Studie müsste der weltherrschaftsverheißende Ring nach Fafners Tod legitimer Weise entweder Siegfried oder wem gehören?

a) Brünnhilde, die den Ring von Siegfried erhielt
b) Alberich als Hersteller des Rings (es heißt ja auch: „Der Ring des Nibelungen")
c) Dem Staat (hier: dem Freistaat Bayern)
d) Katharina Wagner als derzeitiger Festspielleiterin

11. Welcher andere berühmte Komponist außer Wagner wurde zum Gegenstand krimineller Strafverfolgung?

a) Johann Sebastian Bach
b) Ludwig van Beethoven
c) Johannes Brahms
d) George Gershwin

12. Welche Wagner-Oper verursachte bei Mark Twain unangenehme Zustände, wie er sie vorher angeblich bei zahnärztlicher Behandlung erlebt hatte?

a) Der Fliegende Holländer
b) Lohengrin
c) Tristan und Isolde
d) Parsifal

13. Auf Bitte von wem verfasste Wagner seine Autobiografie „Mein Leben"?

a) Verleger Franz Schott
b) Impresario Angelo Neumann
c) König Ludwig II. von Bayern
d) Ehefrau Cosima Wagner

14. Der Aussage von Richard Wagner zufolge war „Tristan und Isolde" ursprünglich als Auftragswerk für welche Stadt gedacht gewesen?

a) St. Petersburg
b) Paris
c) London
d) Rio de Janeiro

15. Friedrich Nietzsche kritisierte die im beginnenden Wagnerianismus zu beobachtende Deutschtümelei. Womit setzt er den Kult um den „deutschen Meister" in Beziehung?

a) Deutsches Mittelalter
b) Deutsche Romantik
c) Deutsche Innerlichkeit
d) Deutsches Bier

16. Wagners Verarbeitung von welchem Sagenstoff hatte es den Esoterikern um 1900 besonders angetan?

a) Der Fliegende Holländer
b) Tannhäuser (Venusberg)
c) Der Ring des Nibelungen (Edda)
d) Parsifal (Gralserzählungen)

17. Das Vorspiel zu welcher Wagner-Oper wurde von den Nazis bei offiziellen Anlässen wie den NSDAP-Reichsparteitagen in Nürnberg besonders häufig gespielt?

a) Rienzi, der letzte der Tribunen
b) Lohengrin
c) Die Meistersinger von Nürnberg
d) Siegfried

Quiz-Lösungen

1b, 2c, 3a, 4b, 5d, 6d, 7a, 8c, 9b, 10c, 11a, 12b, 13c, 14d, 15d, 16d, 17c

Zitate

„Nach den letzten Noten der Götterdämmerung
fühlte ich mich, als wäre ich aus dem Gefängnis entlassen worden."
(Peter Ilitsch Tschaikowsky)

„Mir behagt an Wagner, was mir an Schopenhauer behagt:
die ethische Luft, der faustische Duft, Kreuz, Tod und Gruft."
(Friedrich Nietzsche)

„Er ist ein Musiker der Art, der auch
die Unmusikalischen zur Musik überredet."
(Thomas Mann)

„Jedes Mal, wenn ich Wagner höre,
bekomme ich Lust, in Polen einzumarschieren."
(Woody Allen in „Manhattan Murder Mystery")

„Ich glaube an Gott, Mozart und Beethoven."
(Richard Wagner über den Glauben)